NIJIYOME
HOLE
PACKAGE
COLLECTION

二次嫁HOLEパッケージ大図鑑

エマ・パブリッシング●編

魅惑のアダルトグッズ
"オナホール"
成人男子を刺激する
数あるオナホの中から
可愛すぎる二次嫁たちの
大切な"アソコ"を包み込む
パッケージ112点を厳選して収録

二次嫁 HOLE パッケージ大図鑑

CONTENTS

Toy's Heart トイズハート

- ヴァージンエイジ～入学式～……………… 6
- ヴァージンエイジ～卒業式～……………… 7
- 狭穴注意 …………………………………… 8
- JC くぱぁ ………………………………… 9
- ぼくの生徒………………………………… 10
- うぶ姉……………………………………… 11
- 妹ぱじゃま………………………………… 12
- エロマン…………………………………… 13
- 欲しがり妻………………………………… 14
- わくわく初登校…………………………… 15
- 亀頭娘……………………………………… 16
- オナホ妖精………………………………… 17
- イズハ……………………………………… 18
- 17 ボルドー……………………………… 19
- 女子アナでもいーですか？……………… 20
- 尺ハ娘……………………………………… 21
- うぶ ばーじん…………………………… 22
- 淫ドル ～ツインコンボ・アイドル～ …… 23
- ドキどき転校生…………………………… 24
- 17（セブンティーン）…………………… 25

◆オナホメーカーQ&A その1 26

Magic Eyes マジックアイズ

- すじまんくぱぁ！ココロψ ……………… 28
- オンナノコの (i) ………………………… 29
- 箱詰め娘ロリホ ギチギチ HARD Edition … 30
- 欲情ギミック……………………………… 31
- ぐちょモン Poket 8 ……………………… 32
- ぐちょモン Poket ω ……………………… 33
- 【閲覧注意】すじまん くぱぁ！wwwwww りな………………………………………… 34
- 箱詰め娘 ロリホ ………………………… 35
- 【閲覧注意】すじまん くぱぁ！wwwwww ろあ………………………………………… 36
- ぐちょ濡れ名器 MONSTER 覚醒【KAKUSEI】 …………………………………………… 37

ぐちょ濡れ名器 MONSTER G【じぃー】… 38
ぐちょ濡れ名器 MONSTER 狩【HUNT】… 39
akd4 ∞（インフィニティ）前解禁………… 40
悟り………………………………………… 41
akd4 ∞ …………………………………… 42
わぶ………………………………………… 43

◆オナホメーカー Q&A その② 44

Arms アームズ

調教少女まなみ…………………………… 46
超舌チンポハンター Vol.1 長舌巻子……… 47
超舌チンポハンター Vol.2 ベロニカ……… 48

◆オナホメーカー Q&A その③ 49
◎オナホールの種類を知ろう!! 50

Tamatoys タマトイズ

オナニーばかりしてたらサキュバスちゃんが
やってきた。リリムの超名器……………… 52
オナニーばかりしてたらサキュバスさんがやっ
てきた。リリスの超名器…………………… 53
女子校生のフェラホール 唾液ローション付き 54
やわらかおっぱいオナドール……………… 55
我妻なたれ乳 THE HOLE ………………… 56
つくろう!! オナホ姉 ……………………… 57
美脚の働くお姉さんオナホール…………… 58
ロリかわいい少女のピチピチホール 専用アロマ
ローション付き…………………………… 59
清楚な女子校生のやわらかホール 専用アロマ
ローション付き…………………………… 60
働くお姉さんのもっちりホール 専用アロマロー
ション付き………………………………… 61
華は蜜夜に咲き乱れ 遊女の蜜壺………… 62
オナホール 少女式………………………… 63
スウィートペッパーオナホール…………… 64
エアダッチのためのオナホール…………… 65
おにいちゃん大好き！……………………… 66
結愛でイクの!! …………………………… 67

ツインズいもうとサンドイッチ♡千歳……… 68
ツインズいもうとサンドイッチ♡千尋……… 69

◆オナホメーカー Q&A その④ 70

NPG 日暮里ギフト

よーじょ先輩のちいさなおくち…………… 72
よーじょ先輩のちいさなおてて…………… 73
清楚ビッチノススメ………………………… 74
絶対やわやわ宣言！ふわりん……………… 75
絶対キツキツ宣言！しめたん……………… 76
足コキホール ソックソクにしてあげる！ … 77
ロリ★スティック＜アン＞………………… 78
ロリ★スティック＜セーラ＞……………… 79
空想少女群 ＜01.喜多村紫音＞ ………… 80
空想少女群 ＜02.ゆーか＞ ……………… 81
空想少女群 ＜03.梶ヶ谷藍＞ …………… 82
ないしょのついんてーるず！＜ロリビッチ 笹倉
かなちゃん＞ ……………………………… 83
ないしょのついんてーるず！＜正統派ロリ 笹倉
さなちゃん＞ ……………………………… 84

◆オナホメーカー Q&A その⑤ 85
◎オナホールを買うときの注意点 86

Japantoyz ジャパントイズ

お願いなつこりん♪ 国立オナホ研究所 皆川なつ
み研究員のオナホール…………………… 88
お願いななちゃん 猫耳少女 三毛ノ木なな … 89
お願いゆいちゃん 千石坂学園 生徒会長 七咲ゆ
い…………………………………………… 90
お願いラン先生！ちょっぴりデビルな家庭教師
……………………………………………… 91
お願いおにいちゃん うぶもえロリッ娘 まゆちゃ
ん…………………………………………… 92

◆オナホメーカー Q&A その⑥ 93
◎オナホールの使用後の洗い方 94

EXE エグゼ

Party01 ………………………………… 96
Party02 ………………………………… 97
Party03 ………………………………… 98
Party04 ………………………………… 99
Spraut（すぷらうと）………………… 100
まじかるうぃっちほーる ムニッchi (muni-chi) ………………………………… 101
りある………………………………… 102
bubbles[バブルス] #001 …………… 103
bubbles[バブルス] #002 …………… 104
MUNI MUNI［むにむに］…………… 105
くぱまんどりーむ…………………… 106
つるぺたアイドル候補生 ただいま研修中！ 107
最近、妹が添い寝を求めてきて困っています。
………………………………………… 108
いもうとは僕専用。なつみ ………… 109
いもうとは僕専用。はるか ………… 110
TU・BO・MI ………………………… 111
童顔新米教師ひなせんせい。……… 112
ぷに☆あにゃる……………………… 113
こちら布袋駅前つるぺたガール研究所 柊アリステル………………………………… 114
しょくしゅだにょ…………………… 115
アスリー体…………………………… 116
ブルセラ学院 委員長の秘密の放課後 1年B組 遠野瑞穂 ……………………………… 117

◆オナホメーカー Q&A その⑦ 118

Toami トアミ

MeltyKiss めるてぃきっす …………… 120
SweetVirgin すい〜とば〜じん ……… 121
熟女の秘穴 …………………………… 122

◆オナホメーカー Q&A その⑧ 123
◎オナホールを保管するには？ 124

Tokyo Libido 東京リビドー

ないしょのついんてーるず！2＜誘惑ロリ 桃園になちゃん＞……………………… 126
ないしょのついんてーるず！2＜妄想ロリ 桃園みなちゃん＞……………………… 127
えあ★まん 正統派ロリ ……………… 128
えあ★まん ロリビッチ ……………… 129
すうぱぁろりっく！…………………… 130

◆オナホメーカー Q&A その⑨ 131
◎オナホールを処分するには？ 132

Hot Powers ホットパワーズ

みなさんはじめましてのほっぱっぴ〜★みくらですぅ＼(^o^)／ ……………………… 134
被虐のアリューネ Vampire Fang 覚醒前／覚醒後 ……………………………………… 135
空笑挽歌 - スモーキングカウントダウン - … 136
追想螺旋夢霧 双奏ノ調 (ダブルスパイラル)
………………………………………… 137
被虐のアリューネ 覚醒前／覚醒後 ………… 138
最高級のお嬢様ポテンシャル………………… 139
スーパー最高級な佐藤のアナル 狂い咲きポテンシャル ………………………………… 140

◆オナホメーカー Q&A その⑩ 141

◎商品名 索引 ………………………… 142

Toy's Heart
トイズハート

Toy's Heart

極細未開拓！幼さ感じるヴァージンホール
ヴァージンエイジ ～入学～

メーカー. Toy's Heart　**発売日.** 2013/12　**参考価格.** 3,000円（税別）
イラストレーター. 七宮つぐみ　**属性.** 処女、ツインテール、ランドセル
BOXサイズ. 127×213×67mm　**本体サイズ.** 中型（130×65mm）
総重量. 240g　**仕様.** 非貫通　**素材.** ファインクロス
原産国. 日本　**付属品.** ローション
お問い合わせ先. http://toysheart.co.jp/
商品概要. まだ誰にも踏まれず、降ったばかりの雪のように繊細な幼すぎるアソコを堪能できるホール。最大30mmの超肉厚と細穴だから窮屈な感じも味わえる。内部の凹凸具合はまろやかで、ゆっくりやさしく細穴の変化を楽しむことができるのだ。未開拓なヴァージンホールなので、あなた好みに拡張できちゃうぞ！

Illustrater Profile

七宮つぐみ
漫画雑誌『COMIC X-EROS』（ワニマガジン社）で活躍中の漫画家。トイズハート商品『ヴァージンエイジ ～卒業～』のパッケージも担当している。

成長期を迎えた少女の初々しいアソコ
ヴァージンエイジ ～卒業～

メーカー. Toy's Heart　　**発売日.** 2013／12　　**参考価格.** 5,000円（税別）
イラストレーター. 七宮つくみ　　**属性.** 処女、女子校生、制服
BOX サイズ. 155 × 210 × 80 mm　　**本体サイズ.** 中型（150 × 75 mm）
総重量. 330g　　**仕様.** 非貫通　　**素材.** ファインクロス
原産国. 日本　　**付属品.** ローション
お問い合わせ先. http://toysheart.co.jp/
商品概要.「入学」から少し成長した少女のアソコはまだまだ未開発。最大 35mm の超肉厚で、外はフワフワなもち肌、中はねっとりとした締め付け感を堪能できる発泡素材仕様の２層構造ホールだ。ちょっとだけ成長した内部のヒダは、縦・横・斜めから攻めてきて、未開拓だからこそ味わえる刺激を楽しめるぞ。

Toy's Heart

最キツ&最高刺激のあのホールが帰ってきた!!

狭穴注意

メーカー. Toy's Heart	**発売日.** 2013/11	**参考価格.** 1,500円（税別）
イラストレーター. まぷる	**属性.** 処女、女子校生、制服	
BOXサイズ. 82 × 154 × 45 mm		**本体サイズ.** 小型（95 × 36 mm）
総重量. 80g	**仕様.** 非貫通	**素材.** TEP（熱可塑性エラストマー）
原産国. 日本	**付属品.** ローション	

お問い合わせ先. http://toysheart.co.jp/

商品概要. トイズハート史上、もっともキツくて最高の刺激が楽しめた『こざる』が、タイトルとパッケージを一新。硬めで激狭なワインディング構造と内部のヒダヒダとが相まって、強烈な刺激と圧迫感は並じゃない。『こざる』のあのキツさが忘れられない、キツイの大好き！というあなたは、ぜひぜひお試しあれ！

これが『こざる』のパッケージだ。ホール本体は内部が透けて見えるクリアボディだ。

Illustrater Profile

まぷる

単行本『愛しのきょぬーたん』（エンジェル出版）を発売中の漫画家。トイズハートの商品では、『うぶ姉』などのパッケージも担当している。

純真無垢なJCのアソコはきれいなピンク色！

JCくぱぁ

メーカー. Toy's Heart	**発売日.** 2013/10	**参考価格.** 3,000円（税別）	
イラストレーター. urute	**属性.** 純真無垢、JC、ブレザー		
BOXサイズ. 127×213×67 mm	**本体サイズ.** 中型（135×65 mm）		
総重量. 340g	**仕様.** 非貫通	**素材.** TPE（熱可塑性エラストマー）	
原産国. 中国	**付属品.** ローション		
お問い合わせ先. http://toysheart.co.jp/			

商品概要. JC（女子○学生）の名器を堪能できる肉厚系ホール。本体挿入部はツルツルのすじまんで、内部はリアルなピンク色。快感ポイントには、絡み付く濃厚ヒダゾーン、刺激的なGスポット、まったり小休止ゾーン、イボ＆ヒダのミックスゾーンを設けているぞ。頬を赤らめて恥ずかしがるJCのアソコに入れるときは、やさしくね！

Illustrater Profile

urute
漫画雑誌『ナマイキッ！』（竹書房）などで活躍中の漫画家。トイズハート商品『ぼくの生徒』『妹ぱじゃま』『欲しがり妻』なども手がけている。

Toy's Heart

Toy's Heart

可愛い教え子との禁断の関係……

ぼくの生徒

| メーカー. | Toy's Heart | 発売日. | 2013/09 | 参考価格. | 3,000円（税別） |

イラストレーター. urute　　属性. 女子生徒、教え子、禁断の関係
BOXサイズ. 127×213×67mm　　本体サイズ. 中型（155×70mm）
総重量. 255g　　仕様. 非貫通　　素材. MAX発泡
原産国. 日本　　付属品. ローション
お問い合わせ先. http://toysheart.co.jp/

商品概要. 教師と生徒のイケナイ関係を演出したオナホール。もちろん教師があなたで、生徒がオナホだよ。挿入部はもりまん、内部前方には不規則に入り組んだ肉ヒダ、中央には大小さまざまな大きさのイボ、奥にはリアルなホルチオ&縦溝バキュームゾーンが用意されている。高い弾力性とやわらかさを兼ね備えた高品質素材「MAX発泡」仕様。

パッケージの女の子の気になる名前は……

パッケージの女の子は、教え子なのに名前を知らないなんてありえません。よく目を凝らすと、相合傘のところに「りお」と書いてあるでしょ。しかもその隣には……。全国の「こうじ」くん、おめでとう！

シリーズ第3弾は、ちょっぴり大人！
うぶ 姉

メーカー. Toy's Heart	**発売日.** 2013/08	**参考価格.** 3,000円（税別）	
イラストレーター. まふる	**属性.** お姉さん、巨乳、ニーハイ		
BOXサイズ. 127×213×67 mm	**本体サイズ.** 中型（135×55 mm）		
総重量. 215g	**仕様.** 微貫通	**素材.** セーフスキン	
原産国. 日本	**付属品.** ローション		
お問い合わせ先. http://toysheart.co.jp/			

商品概要.「うぶ」シリーズの第3弾は、ちょっぴり大人の"うぶなお姉さん"仕様。非貫通ながら、ホールの最奥部に細い穴を開けて貫通させた新構造"微貫通"を採用しているのが特徴だ。挿入部は狭穴で、中はキツ目。ヒダとイボが絡みつき、「うぶ」シリーズ史上、一番の高刺激で楽しませてくれるテクニシャンなのだ。

"微貫通"っていったい？

「微貫通」という言葉は、聞き慣れない人も多いはず。これは非貫通型と貫通型の特徴を持つ構造で、先端に開いた小さな穴を指で塞げば非貫通、貫通させて使えばカリを刺激することも可能だ。洗浄も楽チン！

Toy's Heart

お兄ちゃん、今日も一緒に"おネンネ"しよ！

妹ぱじゃま

メーカー.	Toy's Heart	発売日.	2013/06
参考価格.	2,000円（税別）		
イラストレーター.	urute	属性.	ロリ、妹、ぱじゃま
BOXサイズ.	101×168×70 mm	本体サイズ.	中型（135×70 mm）
総重量.	230g	仕様.	非貫通
素材.	ラブスキン		
原産国.	韓国	付属品.	ローション

お問い合わせ先. http://toysheart.co.jp/

商品概要. コストパフォーマンスを重視したトイズハートのお値打ち価格ブランド「TOY-Value（トイバリュー）」の、やわらかまったり癒し系ホール。本体内部には様々な角度にヒダやイボが張り巡らされていて、ふわふわで柔らかい素材のおかげで、よく絡み付いてくるぞ。「お兄ちゃんを気持ちよくしてあげられるのは、私だけ！」なんて言われて〜!!

あなたはネコ派？それともイヌ派？

パッケージ正面のイラストでは、しっかりパンツをガードしてるけれど、裏面をご覧あれ。なんとパンツには、髪飾りとお揃いのもこもこしたイヌのプリントが!! ニャンコもいいけど、ワンコもいいよね。

エロ漫画のアソコそっくりのオナホに挑戦!?

エロマン

メーカー. Toy's Heart　**発売日.** 2013/04　**参考価格.** 3,000円（税別）
イラストレーター. 山崎かずま　**属性.** ロリ、妹、ぱじゃま
BOXサイズ. 127 × 213 × 67 mm　**本体サイズ.** 中型（150 × 60 mm）
総重量. 300g　**仕様.** 非貫通　**素材.** フレッシュスキン
原産国. 日本　**付属品.** ローション
お問い合わせ先. http://toysheart.co.jp/

商品概要.「エロ漫画のアソコって、実物より凄いよね」をコンセプトに作成した二次元系ホールだ。こだわりは、入口を細長くして入れやすくし、奥を広く大きくして「どぴゅ～」と出しやすくしているところ。肉壁は職人さんが手彫りで作っているので、機械で作ったものよりも極上のブリブリ感を味わえるのだ。

Illustrater Profile

山崎かずま

漫画雑誌『エンジェルクラブ』（エンジェル出版）などで活躍中の漫画家。単行本最新刊『H.O.M.E Habitant of melting ecstasy』が発売中。

Toy's Heart

エッチが嫌いな人妻なんていません！

欲しがり妻

メーカー. Toy's Heart　**発売日.** 2012/06　**参考価格.** 3,000 円（税別）
イラストレーター. urute　**属性.** 人妻、淫乱、おねだり
BOX サイズ. 127 × 213 × 67 mm　**本体サイズ.** 中型（145 × 55 mm）
総重量. 225g　**仕様.** 非貫通　**素材.** フレッシュスキン
原産国. 日本　**付属品.** ローション
お問い合わせ先. http://toysheart.co.jp/

商品概要.「エッチが嫌いな人妻なんかいません！！」をポリシーに作られた人妻系ホール。挿入口が受け皿のように窪んでおり、ローションを入れやすくなっているのが特徴だ。内部に作られたイボイボ無次元スパイラルがねっとりと絡み付いてきて、飽くことを知らない淫乱人妻のおねだりが果てしなく続くのだ。

初めてはキミと一緒だよ♪
わくわく初登校

メーカー. Toy's Heart　**発売日.** 2012/04　**参考価格.** 3,000円（税別）
イラストレーター. 夏目文花　**属性.** 女子校生、おっぱい、ニーハイ
BOXサイズ. 127×213×67 mm　**本体サイズ.** 中型（140×57 mm）
総重量. 240g　**仕様.** 非貫通　**素材.** ベビースキン
原産国. 日本　**付属品.** ローション
お問い合わせ先. http://toysheart.co.jp/
商品概要. 大ヒット商品『初登校』のパッケージ・リニューアル版。タイトルも『わくわく初登校』になり、パッケージの女の子もより可愛く一新されているのだ。内部は超複雑にうねりまくる世界初の3Dスパイラル構造で、不自然なまでに絡み付く密着感と異次元レベルの快感を同時に味わえるぞ。

Toy's Heart

リニューアル前のパッケージは、こんな感じ。女の子のイメージもだいぶ違う。

Illustrater Profile
夏目文花
漫画雑誌「コミックヘヴン」（日本文芸社）などで活躍中の漫画家。単行本『ツンデレ！』なども発売中。『ドキどき転校生』も担当している。

015

Toy's Heart

先っぽを超刺激するキャップ型電動ホール
亀頭娘

メーカー. Toy's Heart　**発売日.** 2012/04　**参考価格.** 2,000円（税別）
イラストレーター. urute　**属性.** ツインテール、巨乳、フェラ責め
BOXサイズ. 105×175×50 mm　**本体サイズ.** 中型（103×56 mm）
総重量. 63g　**仕様.** 非貫通　**素材.** ABS・ラテックス
原産国. 中国　**付属品.** ボタン電池、ローション
お問い合わせ先. http://toysheart.co.jp/

商品概要. モーターによる振動で、亀頭を刺激してくれるキャップ型電動ホール。キャップ内部にはブラシ状の突起物が付いていて、亀頭の先端に被せることで、先っぽからカリ首、尿道付近を責めまくる。振動は、スイッチ1つで7パターン楽しめ、絶妙なアシストでエクスタシーまで導いてくれるぞ。

016

小さな妖精さんにも容赦しません！
オナホ妖精

メーカー. Toy's Heart **発売日.** 2012/03 **参考価格.** 5,000円（税別）
イラストレーター. 非公開 **属性.** 妖精、都市伝説、腹ボコ
BOXサイズ. 155×210×65 mm **本体サイズ.** 中型（145×80 mm）
総重量. 340g **仕様.** 非貫通 **素材.** セーフスキン
原産国. 日本 **付属品.** ローション
お問い合わせ先. http://toysheart.co.jp/
商品概要. 愛されたオナホに宿った妖精さんをかたどったホール。挿入口付近には密着するヒダヒダが、最奥部には妖精さんの性感ポイントである"Yスポット"があるのが特徴だ。ホール本体の形状がボディ型なので、挿入すると"腹ボコ"ギミックも楽しむこともできるぞ。

信じればオナホ妖精はきっと現れるはず!!

オナホ妖精は、オナホに宿る妖精のことで、必ずしもあなたのオナホに宿るわけではない。パッケージにも書いてある。「アナタのにおいに誘われちゃった」と。どんな匂いかは、キミならわかるはずだ！

Toy's Heart

017

Toy's Heart

トイズハートのキャンペーンガールなのだ！

イズハ

メーカー. Toy's Heart	**発売日.** 2012/12	**参考価格.** 5,000円（税別）

イラストレーター. 非公開　　**属性.** ポニーテール、巨乳、キャンペーンガール
BOXサイズ. 155×210×80mm　　**本体サイズ.** 中型（180×80mm）
総重量. 345g　　**仕様.** 非貫通　　**素材.** ファインクロス×ファ・インクロス・イズハ
原産国. 日本　　**付属品.** ローション（20ml）
お問い合わせ先. http://toysheart.co.jp/

商品概要. トイズハートのキャンペーンガール、イズハちゃんのアソコを堪能できるオナホール。最大の特徴は、素材がこのホール専用なところ。もちもち＆ねっとり素材で、「ファインクロス・イズハ」という名前を付けているほどだ。本体内部にはあまり突起物が付いておらず、ヒダを掻きわけて奥に進むほど絡み付いてくる構造になっている。

公式ブログ＆ツイッターも注目

イズハちゃんは、トイズハートのキャンペーンガールなので、公式ブログとツイッターをちゃんと持っているのだ。彼女のことが気になった人は、イカされちゃう前に"つぶやき"をフォローすべし！

大ヒット商品『17』シリーズの第3弾！
17 ボルドー

メーカー． Toy's Heart　**発売日．** 2012/04　**参考価格．** 5,000 円（税別）
イラストレーター． 非公開　**属性．** お姉さん、巨乳
BOX サイズ． 155 × 210 × 65 mm　**本体サイズ．** 中型（170 × 55 mm）
総重量． 250g　**仕様．** 非貫通　**素材．** ファインクロス
原産国． 日本　**付属品．** ローション
お問い合わせ先． http://toysheart.co.jp/
商品概要． ロングセラー・アイテム『17（セブンティーン）』で好評だったリアルなアソコと子宮は、今作でも健在。本体内部に丸みのある凸凹をくわえ、より刺激的な構造になっているのが、今作の特徴だ。外はふわふわ、中はねっとりとした質感で、波状の肉壁とイボイボがねっとりとまとわり付くような快感を味わえるのだ。

Toy's Heart

Toy's Heart

"女子穴"ではなく"女子アナ"です！
女子アナでもいーですか？

メーカー. Toy's Heart	発売日. 2011/12	参考価格. 5,000円（税別）
イラストレーター. ボン貴花田	属性. 女子アナ、美乳、キャンペーンガール	
BOXサイズ. 155×210×80mm	本体サイズ. 中型（155×72mm）	
総重量. 320g	仕様. 非貫通	素材. セーフスキン
原産国. 日本	付属品. ローション	
お問い合わせ先. http://toysheart.co.jp/		

商品概要. 漫画家・ボン貴花田さんをイラストに起用した女体型ホール。本体の形状は、同名コミックに登場する人気女子アナ・有川理緒のボディをイメージして作られており、おっぱいはもちろん、背中やくびれ、お尻にいたるまでエロリアルに立体化されている。内部に広がる"数の子天井"もねっとり濃厚だぞ。

コミックとオナホで妄想力を高めよう！

原作コミックは、国民的女子アナ・有川理緒と、下っ端AD・多田安則の恋愛模様をコミカルに描いたラブエロストーリー。原作本を読みながら使えば、エッチな妄想力も倍増すること間違いなしだ。

Illustrater Profile

ボン貴花田

漫画雑誌『アクションピザッツ』などで活躍中の漫画家。掲載しているオナホール『女子アナでもいーですか？』の原作は、第3巻まで発売中。

即尺可能!! 電池いらずの擬似フェラ体験!
尺八娘

メーカー. Toy's Heart　**発売日.** 2011/10　**参考価格.** 3,000円（税別）
イラストレーター. urute　**属性.** 生フェラ、巨乳、空気
BOXサイズ. 127×213×67mm
本体サイズ. 全長90mm前後、全幅60mm前後、内部80mm前後　**総重量.** 130g
仕様. 非貫通　**素材.** プラスチック・ラテックス　**原産国.** 中国
付属品. ローション　**お問い合わせ先.** http://toysheart.co.jp/
商品概要. 空気の力で生フェラ快感を味わえる変わり種ホール。挿入するホールに空気を送るポンプとチューブの3つのパーツを結合してから使用する。空気をしっかり抜いてから挿入し、ポンプを握って空気を入れるとホールが上にスライドし、離して空気を抜けば下へスライドする仕組みだ。電池なしで使えるのもありがたい。

Toy's Heart

シリーズ第2弾は、魅惑のロリっ娘！

うぶ ばーじん

メーカー. Toy's Heart　　**発売日.** 2011/07　　**参考価格.** 3,000円（税別）
イラストレーター. まぶる　　**属性.** ロリ、ブルマ、ツインテール
BOXサイズ. 127×213×67mm　　**本体サイズ.** 中型（135×55mm）
総重量. 215g　　**仕様.** 非貫通　　**素材.** セーフスキン
原産国. 日本　　**付属品.** ローション
お問い合わせ先. http://toysheart.co.jp/
商品概要.「うぶ」シリーズ第2弾は、"うぶな妹"を感じることができるロリ系ホール。狭穴だけど肉厚設計なので、コンパクトでもボリューミーな包まれ感を味わえる。「使えば使うほど馴染んできて快感が増すので、3回目以降からがオススメ♪」というのはメーカー談。ゼッケンの名前も気になるところ。

淫ドル
～ツインコンボ・アイドル～

搾って絡んでじゅるっと吸い付く!?

メーカー. Toy's Heart　　**発売日.** 2011/07　　**参考価格.** 3,000円（税別）
イラストレーター. がなり龍　　**属性.** アイドル、お姉さん、妖艶
BOXサイズ. 127 × 213 × 67 mm　　**本体サイズ.** 中型（145 × 60 mm）
総重量. 235g　　**仕様.** 非貫通　　**素材.** ベビースキン
原産国. 日本　　**付属品.** ローション
お問い合わせ先. http://toysheart.co.jp/
商品概要.「アイドル」シリーズ第4弾。"ツインコンボ"の名の通り、内部にはミミズ構造とスパイラル構造を合体させた刺激スポットがあるのが特徴だ。挿入口は広めで、最奥部の絶頂エリアでは大き目のイボイボの高刺激と、吸い付かれるような強烈なバキューム効果を同時に楽しめるぞ。2種類の名器構造の合体はダテじゃない！

Illustrater Profile

がなり龍

オナホールのパッケージイラストを複数手掛けるイラストレーター。主催する同人サークル「龍虎乃巣」で、同人誌なども執筆している。

Toy's Heart

乳首を立たせた転校生の極狭スパイラル！

ドキどき転校生

メーカー.	Toy's Heart	**発売日.**	2011/04	**参考価格.**	3,000 円（税別）
イラストレーター.	夏目文花	**属性.**	女子校生、巨乳、転校生		
BOXサイズ.	127 × 213 × 67 mm		**本体サイズ.**	中型（140 × 57 mm）	
総重量.	235g	**仕様.**	非貫通	**素材.**	ベビースキン
原産国.	日本	**付属品.**	ローション		

お問い合わせ先. http://toysheart.co.jp/

商品概要. トイズハートの傑作『初登校』に続き登場した3Dスパイラルホール。ただしこちらは、ネジリとひねりを採用した"ダブルスパイラル"構造に進化している。内部はギュッと締め付けてくるほど極狭なので、圧迫刺激を十二分に堪能できる。ギュンギュン絡まる転校生の異次元快感をお試しあれ。

可愛い転校生の
人に言えない秘密

転校生の名前は、武井咲美ちゃん。どこかで見覚えのある名前だけど、もっと気になるのは、黒板にある意味深なセリフだ。彼女を、同級生の注目を浴びて乳首を立てるビッチ女に変えた教師の顔が見てみたい。

今なお大人気のロングセラー・ホール！
17（セブンティーン）

メーカー. Toy's Heart　　**発売日.** 2005/07　　**参考価格.** 5,000 円（税別）
イラストレーター. 非公開　　**属性.** 17、美少女、巨乳
BOX サイズ. 155 × 210 × 65 mm　　**本体サイズ.** 中型（170 × 55 mm）
総重量. 250g　　**仕様.** 非貫通　　**素材.** ファインクロス
原産国. 日本　　**付属品.** ローション
お問い合わせ先. http://toysheart.co.jp/
商品概要. 2005年に発売されて以来、今なお愛され続けている超ヒット作。『17』シリーズの元祖で、インナー＆アウターともに超軟質のソフト素材2層構造で作られているため、リアルな挿入感を味わうことができるのだ。しかも内部には、リアルな子宮口までバッチリ再現されている。ディテールへのこだわりは、さすがと言わざるおえない。

Toy's Heart
トイズハート

オナホメーカー Q&A その①

オナホールのパッケージについて気になる点を、各オナホメーカーに聞いてみたぞ。二次嫁 HOLE に魅入られた紳士諸君、オナホを動かす手をちょっとだけ休めて目を通してくれたまえ！

Q 商品タイトル、キャッチコピー、イラストなどを作るうえで、気を付けている点はどんなところでしょうか？

A 商品内容とパッケージがイメージできるものなのか、商品コンセプトを決める段階でパッケージもある程度決定しています。お客さんがパッケージを見て中身も連想できるように気をつけています。

Q これまで発売してきた自社アイテムの中で、これは「イケた！」と思うパッケージは何ですか？ その商品名と、その理由もお聞かせください。

A 『転校生』です。タイトル通り、転校生の緊張感を上手くパッケージで表現できました。女の子イラストの乳首の立ち具合が絶妙です。中身とのイメージもぴったりで2年以上販売していますがいまだにベスト10に入る商品です。

Q 逆に、このパッケージは「やってしまった……」と思った自社アイテムはありますか？ その商品名と、その理由もお聞かせください。

A 『なぶり』です。肉食系女子が流行り出した頃に発売しましたが、売れませんでした。漢字も通常は嬲（男女男）という字も女男女と変え、積極的で強気な女性が責めているイメージでやったのですが逆に伝わったようです。

Q パッケージのイラストを描いてみたい方は、どうすればいいですか？ イラストレーターの選定や依頼方法などは、どのようにしているのでしょうか？

A 商品コンセプトに合うイラストを選んでいます。商品作成時点で「この商品ならこの人」という風になっています。描いてみたい人は、積極的に弊社に作品サンプルを送って頂ければと思います。

Q それでは最後に、二次嫁 HOLE を愛するユーザーの方、本書を機に二次嫁 HOLE を愛したいと思った方々へ、何かメッセージをお願いします。

A トイズハートは、日々、お客様目線での研究開発をやっています。手でもことたりますが、自分へのご褒美として使ってもらえればと思います。イラストとホールのイメージを想像しながら是非楽しんでください。

ありがとうございました！

宵、アナタはココロの観測者と

Magic Eyes
マジックアイズ

オンナノコの(i)
Learning to Love

ココロは多情多感で甘えん坊なお嬢様
すじまんくぱぁ！ココロΨ

メーカー.	Magic Eyes	発売日.	2013/11/22	参考価格. 7,516円（税別）

イラストレーター. 緒菜穂　属性. ツインテール、アホ毛、お嬢様、甘えん坊、B型
BOXサイズ. 320×224×140 mm　本体サイズ. 大型（240×150×140 mm）
総重量. 2,700g　仕様. HYBRID 非貫通　素材. ぷにぷにスキン＆ネチネチ粘膜層
原産国. 日本　付属品. バックローション
お問い合わせ先. http://magiceyes.jp/

商品概要. ココロの感情を表現する様々なアイデアが盛り込まれた意欲作。ココロ・ギミックにより、奥に責め込むほど締め付ける"オートバキューム機構"を搭載し、2穴とも粘膜2層のハイクオリティー仕様だ。ダブルくぱぁにも対応しているぞ。すじまん造形と AG+ はそのままに、ココロ・ギミックを採用したフルスペックなグッズなのだ。

Illustrater Profile
緒菜穂

マジックアイズで商品開発をしながら、パッケージも描いている専属イラストレーター。ツイッターやblogもあるので、気になった人はチェック！

オンナノコの"愛"を具現化!!
オンナノコの（i）

メーカー. Magic Eyes　　**発売日.** 2013/10/07　　**参考価格.** 3,238 円（税別）
イラストレーター. 緒菜穂　　**属性.** ヤンデレ、空気人形、B 型
BOX サイズ. 170 × 70 × 100 mm　　**本体サイズ.** 中型（65 × 65 × 140 mm）
総重量. 310g　　**仕様.** 非貫通　　**素材.** ぷにぷにスキン＆ネチネチ粘膜層
原産国. 日本　　**付属品.** パックローション
お問い合わせ先. http://magiceyes.jp/
商品概要.『すじまんくぱぁ！』や『ぐちょ濡れ名器』のいいところを掛け合わせた、マジックアイズの集大成的な作品。すじまんアウターに"どてまん"を付け、内壁には粘膜層にアウター部とは別素材を採用、視覚的にも使用感的にもリアルさを演出している。空っぽだった女の子に自我が芽生え、あなたに恋をする……。

『オンナノコの（i）』には、専用のエアドール『オンナノコのカラダ』も販売されている。このアイテムは、お座り全身タイプで、身長は140cm。一般的なコスチュームを着せて、楽しむこともできるのだ。

最後まで抵抗するギチギチ感を演出！

箱詰めロリホ ギチギチ
HARD Edition

メーカー. Magic Eyes	**発売日.** 2013/10/07	**参考価格.** 5,523円（税別）	
イラストレーター. 緒菜穂	**属性.** 悪魔召喚、小悪魔、鍵っ子、A型		
BOXサイズ. 198 × 80 × 140 mm	**本体サイズ.** 中型 (150 × 65 × 90 mm)		
総重量. 700g	**仕様.** 非貫通	**素材.** ギチギチスキン＆ネチネチ粘膜層	
原産国. 日本	**付属品.** パックローション		
お問い合わせ先. http://magiceyes.jp/			

商品概要. ユーザーの「もっと硬ければ」の声で誕生した『箱詰め娘ロリホ』のハードエディションだ。素材感を実用ギリギリまで硬くすることで、必死に抵抗し続ける少女の秘部を演出。美しくリアルな内壁層には細溝がビッシリと刻まれており超刺激的なのだ。スタンダードタイプとはまた違った使用感を楽しめるぞ。

異次元から小悪魔を召喚できる箱⁉

オンナノコが閉じ込められているのは、「パンドラボックス」と呼ばれる箱だ。この箱は、材質を変えることで微妙に違う世界線の小悪魔を召喚できるのだ。大理石の箱で召喚した悪魔は性格がとてもキツいらしい。

欲情したお姉さんのアソコはトロトロで柔らか！
欲情ギミック

- **メーカー.** Magic Eyes　**発売日.** 2013/07/19　**参考価格.** 4,285 円（税別）
- **イラストレーター.** メメ50　**属性.** お姉さん、巨乳、O型
- **BOX サイズ.** 170 × 70 × 100 mm　**本体サイズ.** 中型（80 × 65 × 130 mm）
- **総重量.** 410g　**仕様.** 非貫通　**素材.** メルトコア、弾力パワーリング、堅エラストマー
- **原産国.** 日本　**付属品.** パックローション
- **お問い合わせ先.** http://magiceyes.jp/

商品概要. 肉厚ボディは、5 つのパーツから構成される 3 重構造。本体とは別に成型された内部層のメルトコアは、ネットリ分厚く蕩けるような感触だ。内部構造に連動した 3 つのシリコンリングはそれぞれ、膣括約筋、G スポット、ポルチオの感触をリアルに再現。スイートポイントを的確に刺激するぞ。

Illustrater Profile

メメ50
漫画雑誌『失楽天』などで活躍中の漫画家。ワニマガジン社より、単行本『ちょめちょめオトメ』『りみっとぶれいく！』『サカリサカラレ』を発売中。

『ぐちょ濡れ名器』シリーズに異端児現る！

ぐちょモン Pocket 8

Magic Eyes

メーカー．	Magic Eyes	**発売日．**	2013/01/10	**参考価格．**	1,800円（税別）

イラストレーター． 緒菜穂　**属性．** モンスター、ちびっ子、元気娘
BOXサイズ． 149×103×50 mm　**本体サイズ．** 小型（50×50×110 mm）
総重量． 242g　**仕様．** 貫通　**素材．** ぷにぷにスキン＆ネチネチ粘膜層
原産国． 日本　**付属品．** 50mlボトルローション、差分ポストカード
お問い合わせ先． http://magiceyes.jp/

商品概要． 大人気シリーズ『ぐちょ濡れ名器MONSTER』が扱い易いポケットサイズになったのが、この『ぐちょモン Pocket』だ。シリーズ初の"貫通"型で、特徴でもあるグロい外観はそのままに、プチ螺旋ネジレ構造を採用。ちびまん仕様ながらも大人顔負けの実力を発揮してくれるぞ。別売りの『ぐちょモン Pocket ω』との合体も可能だ。

「8」は元気な モンスター少女

ちっちゃくて可愛いモンスター"ぐちょモン"の「8（はち）」こと溝口ハッチは、ショートカットがよく似合う元気少女。見た目はアグレッシブで大胆そうなイメージだけど、A型なので意外と堅実タイプかも。

外側はモンスター!! アソコはちびっ子⁉

ぐちょモン Pocket ω

メーカー. Magic Eyes	発売日. 2013/01/10	参考価格. 1,800円（税別）
イラストレーター. 緒菜穂	属性. モンスター、ちびっ子、清楚	
BOXサイズ. 149 × 103 × 50 mm	本体サイズ. 小型（50 × 50 × 120 mm）	
総重量. 236g	仕様. 非貫通	素材. ぷにぷにスキン＆ネチネチ粘膜層
原産国. 日本	付属品. 50mlボトルローション、差分ポストカード	
お問い合わせ先. http://magiceyes.jp/		

商品概要. 『ぐちょモン Pocket 8』と合体できちゃう「ω（オメガ）」は、ねちょヒダワインディン構造を採用した"非貫通"型ホール。外観はグロいのに入口は1本スジで、エア抜きすればぴったり閉じた未開発のちびまんを存分に堪能できるのだ。ミニサイズだけど『ぐちょ濡れ名器 MONSTER』のいいところをギュッと凝縮したホールだぞ。

「ω」は清楚で優しいモンスター

"ぐちょモン"の「ω（オメガ）」こと、魔ノ眼オメガは、ハッチとは対照的に静かなイメージの女の子。しかし、一度"覚醒"してしまうと大変なことになってしまうらしい。実はハッチよりも大胆なのかもね。

爆発ヒット商品「ろあ」の妹！

【閲覧注意】すじまん くぱぁ！wwwwww
りな

メーカー.	Magic Eyes	**発売日.**	2012/11/27	**参考価格.**	3,500 円（税別）
イラストレーター.	緒菜穂	**属性.**	精霊、泣き虫、姉妹、B 型		
BOX サイズ.	170 × 102 × 70 mm		**本体サイズ.**	中型（55 × 50 × 140 mm）	
総重量.	320g	**仕様.**	非貫通	**素材.**	ぷにぷにスキン＆ふわとろ粘膜素材
原産国.	日本	**付属品.**	妄撮ポストカード、バックローション		
お問い合わせ先.	http://magiceyes.jp/				

商品概要.『すじまん くぱ』シリーズ第 2 弾。精霊姉妹の妹 "りな" ちゃんバージョンは、AG＋ を配合したぷにぷにスキンやふわとろ粘膜素材はもちろんのこと、狭い内部空間に細かな横ヒダを付けることで実用性もアップされている。可愛い造形を楽しみながら、姉「ろあ」と妹「りな」で完成する仕掛けを探してみよう！

愛されたグッズには精霊が宿る!?

可愛い少女のように見えるりなちゃんの正体は、実は長年愛されたジョークグッズに宿った "精霊" なのだ。憧れている大好きなお姉ちゃん、ろあのようになるために、いつも頑張っている健気な女の子なのだ。

圧倒的な肉感と狭い内部でキツキツ体験！

箱詰め娘 ロリホ

メーカー. Magic Eyes	**発売日.** 2012/09/12	**参考価格.** 5,523 円（税別）	
イラストレーター. 緒菜穂	**属性.** 悪魔召喚、純朴、鍵っ子、A 型		
BOX サイズ. 198 × 80 × 140 mm	**本体サイズ.** 中型（150 × 65 × 90 mm）		
総重量. 700g	**仕様.** 非貫通	**素材.** ぷにぷにスキン＆ネチネチ粘膜層	
原産国. 日本	**付属品.** バックローション		
お問い合わせ先. http://magiceyes.jp/			

商品概要. 女の子のボディをかたどった 600 ｇオーバーの大きな本体なのに、アソコはとっても小さな"ちびまん"仕様。超狭い内部壁に刻まれたリアルなヒダと、最深部に設置されたバキューム機構で抜群の吸引力を楽しめる。たっぷりの肉感と狭い内部で一生懸命踏ん張ってくれる彼女の力を信じて、最小限の握力でチャレンジしよう♪

Magic Eyes

閉じ込めた小悪魔と交渉するなら……

「パンドラボックス」に閉じ込めた小悪魔は、ミラクルな力を持っており、上手く交渉できれば、どんな願いごとでも叶うらしい。もちろん、あなたの願いごとも"空から美少女が降ってこい！"だよね？

035

Magic Eyes

"くぱぁ"ブームを巻き起こした大ヒット商品

【閲覧注意】すじまん くぱぁ！wwwwww
ろあ

メーカー. Magic Eyes		**発売日.** 2012/05/15	**参考価格.** 3,500 円（税別）
イラストレーター. 緒菜穂		**属性.** 精霊、ゴスロリ、姉妹、都市伝説、B 型	
BOX サイズ. 169 × 102 × 69 mm		**本体サイズ.** 中型（66 × 135 mm）	
総重量. 340g	**仕様.** 非貫通	**素材.** ぷにぷにスキン＆ふわとろ粘膜素材	
原産国. 日本	**付属品.** 妄撮ポストカード、バックローション		
お問い合わせ先. http://magiceyes.jp/			

商品概要.『すじまん くぱ』シリーズの第 1 弾。「くぱぁ！」ブームを巻き起こし、"すじまん"という造語を浸透させた爆発的ヒット商品で、ぷにぷにのアウターリップを捲れば、美しすぎるピンク色が拝める問題作でもある。ちなみに、ろあちゃんはジョークグッズの精霊で、りなちゃんのお姉ちゃんだ。

信じようと信じまいと あなた次第!!

「ある朝目覚めると、昨晩洗面所に置き忘れたはずのジョークグッズが枕元にあった……」。そんな都市伝説を、あなたは知っていますか？ とにかく精霊が宿るまで愛してください。そうすればきっと……。

036

覚醒処理で最初からとろける柔らかさ！

ぐちょ濡れ名器 MONSTER 覚醒【KAKUSEI】

メーカー． Magic Eyes **発売日．** 2012/04/10 **参考価格．** 3,400 円（税別）
イラストレーター． 緒菜穂 **属性．** セーラー服、ポニーテール
BOX サイズ． 190 × 55 × 120 mm **本体サイズ．** 中型（155 × 60 mm）
総重量． 330g **仕様．** 非貫通 **素材．** プルプルベイビースキン＆覚醒粘膜質素材
原産国． 日本 **付属品．** ミニボトルローション（50ml）
お問い合わせ先． http://magiceyes.jp/

商品概要．『ぐちょ濡れ名器』の希少種。「女の子は恋に堕ちることで体内の女性成分が活性化し、肉質が柔らかくなったりする」と言われています。そんな肉感を完全シミュレートしたのが、この「覚醒」だ。３Ｄ多層構造の前作「Ｇ」にまったり属性をプラス。エロ柔らかい素材は、とろけるような絶頂感を味わうことができるぞ。

Magic Eyes

螺旋捻れの凶悪G級捕食モンスター！

ぐちょ濡れ名器 MONSTER G【じぃー】

メーカー. Magic Eyes	**発売日.** 2011/10/27	**参考価格.** 3,400 円（税別）
イラストレーター. 緒菜穂	**属性.** ハンター	
BOXサイズ. 190 × 55 × 120 mm	**本体サイズ.** 中型（160 × 60 mm）	
総重量. 340g	**仕様.** 非貫通	**素材.** プルプルベイビースキン＆粘膜質
原産国. 日本	**付属品.** ミニボトルローション（50ml）	
お問い合わせ先. http://magiceyes.jp/		

商品概要.『ぐちょ濡れ名器』のG級モンスター。前作「狩」を肉厚にして、耐久性と肉感を向上。2層構造、3Dスパイラル、無次元加工と、考えられる技術をすべて詰め込んだマジックアイズの意欲作だ。生体テクスチャが施された美しいピンクの内壁は、螺旋階段のように捻れたスパイラル形状で、内壁との摩擦が強烈な刺激を生み出すぞ。

狩られる♀はぐちょ濡れ名器！

ぐちょ濡れ名器 MONSTER
狩【HUNT】

メーカー. Magic Eyes　**発売日.** 2011/10/27　**参考価格.** 3,000円（税別）
イラストレーター. 緒菜穂　**属性.** ハンター
BOXサイズ. 190×55×120 mm　**本体サイズ.** 中型（170×55 mm）
総重量. 320g　**仕様.** 非貫通　**素材.** 弾力性素材、柔腰
原産国. 日本　**付属品.** ミニボトルローション（50ml）
お問い合わせ先. http://magiceyes.jp/
商品概要. 『ぐちょモン』シリーズ第1弾は、通常仕様の「名器モード」と、裏返して「アヌス・モード」を堪能できるリバーシブル仕様。モンスターのような造型の本体入口を残して裏返すことで、括約筋の強烈な窄まりを再現。細かく刻まれた縦溝がアナルのシワとなり、固くしっかりと閉ざしているのだ。

アイドルの"前"の蕾が解禁！

AKD4 ∞（インフィニティ）
前解禁

| メーカー．Magic Eyes | 発売日．2011/06 | 参考価格．5,000円（税別） |

イラストレーター．緒菜穂　　属性．アイドル
BOXサイズ．190 × 85 × 110 mm　　本体サイズ．中型（150 × 85 mm）
総重量．600g　　仕様．非貫通　　素材．ふわトロスキン
原産国．日本　　付属品．バックローション（50ml）
お問い合わせ先．http://magiceyes.jp/

商品概要．恋愛禁止のため、使ってはいけなかったアキバ系アイドルが、ついに「前」を解禁。新開発「ふわとろ素材」でありえないトロトロ感触をたっぷりの肉厚で味わうことができるぞ。憧れのアイドルのアソコを「くぱぁ」して、まったり長～く愛しようじゃありませんか！

キツ系だけど未熟な内壁で長時間遊べる優れもの！

悟り ～未熟な蕾～

メーカー. Magic Eyes **発売日.** 2010/10 **参考価格.** 4,000 円（税別）
イラストレーター. 緒菜穂 **属性.** 妖怪、悟り、A 型
BOX サイズ. 170 × 70 × 100 mm **本体サイズ.** 中型（168 × 68 mm）
総重量. 280g **仕様.** 非貫通 **素材.** 耐久タフ素材＆ベタベタ実用素材
原産国. 日本 **付属品.** パックローション（50ml）
お問い合わせ先. http://magiceyes.jp/

商品概要. 未熟な蕾を感じられる多層構造ホール。白く美しい肌、ほのかに膨らみかけた胸、薄っぺらいボディライン、引き締まった小さなお尻……。リアルな肌触りと本物の弾力性を追求した幼肌コーティングを施し、フロントポジションとバックスタイルで異なる使用感を楽しめるぞ。インジェクション成型により、軸ズレの心配もなし。

サトリは人の心を覗ける少女

幼い少女のように見えるサトリは「心を読むぞ」と脅す妖怪だ。この妖怪の攻略法はだた 1 つ。心の中で彼女を辱めること。そうすれば、サトリは羞恥心で動けなくなり、そのあとはあなたの思うがまま!!

恋愛禁止のアイドルだから"前"は使えません!!
AKD4 ∞（インフィニティ）

メーカー. Magic Eyes　**発売日.** 2010/10　**参考価格.** 5,000円（税別）
イラストレーター. 緒菜穂　**属性.** アイドル
BOXサイズ. 190 × 85 × 110 mm　**本体サイズ.** 中型（150 × 85 mm）
総重量. 580g　**仕様.** 非貫通　**素材.** 括約筋タイプハードスキン
原産国. 日本　**付属品.** パックローション（50ml）
お問い合わせ先. http://magiceyes.jp/

商品概要. アキバ系アイドルをモチーフにしたアナル系ホール。こだわりの超肉厚タイプで、4層にわけられた内部空間は深く侵入するたびに狭くなり、大きな波打つ刺激を堪能できるのだ。さらに、超深溝でドリル状の螺旋ヒダでネットリと絡み付くアナルの強烈なすぼみを再現しているぞ。

プニプニの弾力！ふんにゃりもっちりの柔らかさ！
わぶ

メーカー. Magic Eyes　**発売日.** 2010/04　**参考価格.** 2,390 円（税別）
イラストレーター. ぴょん助　**属性.** 女子校生
BOXサイズ. 170 × 110 × 55 mm　**本体サイズ.** 小型（160 × 55 mm）
総重量. 240g　**仕様.** 非貫通　**素材.** もっちりスキン
原産国. 日本　**付属品.** パックローション
お問い合わせ先. http://magiceyes.jp/
商品概要. "ちくわぶ"型のハンドフィット設計で、実用性を重視した女子校生ホール。侵入時はやさしくしっとりと迎え入れ、ランダムな突起やヒダヒダが敏感な先端を刺激してくれるのだ。しかも突起のツボ効果によって、握った手まで癒してくれるおまけ付きだぞ。

わぶはとっても感じやすい女の子

"わぶ"ちゃんこと、香坂和舞は、美まん学園高等部の2年生。想像だけで感じちゃう、エッチなことに興味津々な女の子だ。ちなみに、お肌はちくわぶみたいにふんにゃりもっちりの柔らかさなのだ。

Magic Eyes
マジックアイズ

オナホメーカー Q&A その②

オナホールのパッケージについて気になる点を、各オナホメーカーに聞いてみたぞ。二次嫁 HOLE に魅入られた紳士諸君、オナホを動かす手をちょっとだけ休めて目を通してくれたまえ！

Q 商品タイトル、キャッチコピー、イラストなどを作るうえで、気を付けている点はどんなところでしょうか？

A パッケージはお客様がレジに持っていくのが恥ずかしくなるようなものを意識しています。家族や彼女に見つかったら関係の修復が不可能になるくらいの強烈なのがいいですね川(^o^)川 特に商品タイトルは、レシートからでも、それが恥ずかしい商品だってわかるように心がけてます！

Q これまで発売してきた自社アイテムの中で、これは「イケた！」と思うパッケージは何ですか？　その商品名と、その理由もお聞かせください。

A 妥協はしないので、すべての商品がそのときの自分にとって最高傑作です。「これならイケる！」と思えるまでは、何度でも描き直します。でも、社長が新商品なくてイライラしはじめたら、タイムアウト……。イラストの塗りとかが、一番楽しい作業なので、最後にとっておくのですが、忙しくなると、時間がかけれなくて悲しいです。

Q 逆に、このパッケージは「やってしまった……」と思った自社アイテムはありますか？　その商品名と、その理由もお聞かせください。

A マジックアイズにブランド力が付いたと錯覚して、イラストなしでクリアケースに入れただけの商品を出したのですが、まったく売れませんでした……。商品力に自信があったからこその判断だったのですが大失敗！　萌えイラストって大事なんです。

Q パッケージのイラストを描いてみたい方は、どうすればいいですか？　イラストレーターの選定や依頼方法などは、どのようにしているのでしょうか？

A マジックアイズでは「オナホのパッケージなら簡単に描ける」って思っている方や、「オナホがどんなものか知らない方」は、どんなに有名で上手くても採用はしません。オナホは本能に直結している商品だからこそ、パッケージ作りは難しいと思います。まずは、オナホを大好きになってください！

Q それでは最後に、二次嫁 HOLE を愛するユーザーの方、本書を機に二次嫁 HOLE を愛したいと思った方々へ、何かメッセージをお願いします。

A オナホは、非常にコスパの高い、大人のエンターテイメントですが、まだまだマイノリティな趣味であり、他人に理解されることは少ないでしょう。しかし、「恥ずかしい」とか「低レベルだ」といったネガティブなイメージを超越することで、二次元嫁とのセックスライフを豊かで尊いものにすることができるはずです。

ありがとうございました！

Arms
アームズ

ロリボディに食い込んだ縄模様が美しい！
調教少女まなみ

メーカー. ARMS	**発売日.** 2013/12/05	**参考価格.** 4,800円（税別）	
Supported by Brian Chen	**属性.** ロリ、おさげ、縄		
BOXサイズ. 210 × 145 × 70 mm	**本体サイズ.** 中型 (172 × 123 × 56 mm)		
総重量. 420g	**仕様.** 非貫通	**素材.** －	**原産国.** 中国
付属品. ミニローション			
お問い合わせ先. http://arms-j.com/			

商品概要. まだあどけなさが残る少女・まなみちゃんが、変態紳士に調教されている様を再現した本格緊縛系ホール。幼いボディを象った本体にキツく食い込む縄模様があるのが特徴だ。内部はねっとりと絡み付く膣内をリアルに再現。縄を白い柔肌に食い込ませたり、太い肉棒で突き回すことだって、ドMのまなみちゃんは受け入れてくれるぞ。

イケナイことに目覚めた少女の悦び

まなみちゃんは、おさげに水色のリボンがよく似合う気弱な雰囲気の女の子。でも実は、縛られる悦びを知っているド変態少女なのだ。授業中、吐息を漏らす彼女の制服の下には……。なんて妄想もいいかもね。

Arms

しゃぶり続けられるような極上快感が味わえる！

超舌チンポハンター Vol.1
長舌巻子

メーカー.	ARMS	発売日. 2013/09/31	参考価格. 1,500 円（税別）
イラストレーター.	非公開	属性. 人妻、巨乳、女教師	
BOX サイズ.	150 × 80 × 55（mm）	本体サイズ. 中型（115 × 46 × 42 mm）	
総重量.	140g	仕様. 非貫通	素材. － 原産国. 日本
付属品.	唾液風ローション		
お問い合わせ先.	http://arms-j.com/		

商品概要.『超舌チンポハンター』第1弾は、女教師・長舌巻子の超刺激型ホール。普段は規律を重んじる生真面目な女性を装っているが、深夜になると淫らな関係を求めて街中を徘徊しているらしい。本体奥には、、挿入口まではみ出すほど長い"のびる舌"を配置。この舌は全長約 9cm あり、ザラっとした感触は本物のようだぞ。

Arms

都市伝説で語られる淫乱すぎる女たち

あなたは知っていますか？男の肉棒を求め出没する淫乱すぎる女たちの都市伝説を。"チンポハンター"と呼ばれる彼女たちに狙われたら最後、すべてを出し尽くすまで根こそぎ吸い出されてしまうのです。

047

吸い尽くすまで離さない長舌がすごい！

超舌チンポハンター Vol.2 ベロニカ

メーカー． ARMS	**発売日．** 2013/09/19	**参考価格．** 1,500 円（税別）	
イラストレーター． 非公開	**属性．** 金髪、人妻、メガネ		
BOXサイズ． 150×80×55mm	**本体サイズ．** 中型（116×45×43mm）		
総重量． 150g	**仕様．** 非貫通	**素材．** −	**原産国．** 日本
付属品． 唾液風ローション			
お問い合わせ先． http://arms-j.com/			

商品概要． 長舌巻子に続く『超舌チンポハンター』第2弾。日本人に嫁いだが欲求が溜まり、次々と男たちを食いものにしている外国人妻・ベロニカの超締め付け型ホールだ。長舌巻子同様、内部構造奥に挿入口まではみ出す約9cmの"のびる舌"を配置。イボイボに覆われたベロが、ねっとりと巻き付いてくるぞ。

淫乱女教師と人妻 あなたの好みは？

淫乱女教師・長舌巻子と欲求不満妻・ベロニカ、あなたはどっちのチンポハンターに、ハンティングされたい？ ザラっとした巻子の舌か、舌全体にイボイボが付いたベロニカか。悩んだら両方試してみてね。

048

Q&A

ARMS
アームズ

オナホメーカー Q&A その③

オナホールのパッケージについて気になる点を、各オナホメーカーに聞いてみたぞ。二次嫁 HOLE に魅入られた紳士諸君、オナホを動かす手をちょっとだけ休めて目を通してくれたまえ！

Q 商品タイトル、キャッチコピー、イラストなどを作るうえで、気を付けている点はどんなところでしょうか？

A アニメ系パッケージ商品は基本、人気作品のオマージュ（？）です。それ以外の商品は、より《ソレ》とわかりやすいネーミング、そして、やや下品な仕上がりを目指しています。

Q これまで発売してきた自社アイテムの中で、これは「イケた！」と思うパッケージは何ですか？ その商品名と、その理由もお聞かせください。

A 『調教少女まなみ』。お客様より「こんな製品が欲しい！」との声があり、製品化したものです。今、人気の「くぱぁ」（指で開くとエッチな小陰唇が見えるタイプ）に、恥辱要素たっぷりな緊縛を組み合わせてみました。

Q 逆に、このパッケージは「やってしまった……」と思った自社アイテムはありますか？ その商品名と、その理由もお聞かせください。

A 基本、後悔はしませんが……『どど●こ』です。某芸人のネタですが、本人も落ち目で、タイミング的に在庫のみで販売終了が決定していたので問題ないのですが、流行ネタは一歩間違えると面倒です。

Q パッケージのイラストを描いてみたい方は、どうすればいいですか？ イラストレーターの選定や依頼方法などは、どのようにしているのでしょうか？

A 希望の図案イメージを伝えて、それに合う絵師をデザイナーを通して選んで頂いています。

Q それでは最後に、二次嫁 HOLE を愛するユーザーの方、本書を機に二次嫁 HOLE を愛したいと思った方々へ、何かメッセージをお願いします。

A お客様がパケ買いして、本体の内容にがっかりしないよう、パケ画と本体がリンクする商品をココロがけていますが、個人の持つイメージが大きい部分もあるかと思いますので、ソレに懲りずにアームズ製品を愛してやってください。

ありがとうございました！

オナホールの種類を知ろう!!

基礎知識

オナホールを購入する前に、初心者が知っておくべき基礎知識を紹介しよう。まずは、種類について。おもなタイプ4つを解説する。

貫通型

貫通型は、いわゆる穴が貫通しているものだ。挿入口の反対側にも穴が開いているため、使用後の洗浄が簡単なのが最大の特徴だろう。また、ローションが乾きやすいものの、本体から抜かなくても反対側から足せるのは利点といえる。開放部分からの汁流出には注意しよう！

非貫通型

貫通型とは対照的に挿入口の反対側に穴が開いていないものが非貫通型だ。二次嫁系のオリジナル・オナホールでもこのタイプが多い。内部の空気を外に出すことで、吸い付くようなバキューム効果を味わうことができる。使用後に洗いづらく、乾燥しにくいのも特徴だ。

大型

据え置き型とも呼ばれるホールで、女性の体を模した超リアルなボディが特徴だ。挿入口だけでなく腰やお尻、なかには胸まで再現しているものもある。サイズや重量感も申し分ないので、自ら腰を振って楽しむことができる。保管場所や洗浄には苦労するかもしれない。

電動型

ピストン運動や振動、うねりなどの刺激をオナホールが自ら行ってくれるタイプ。特徴は、自分ではできない動きや刺激を楽しめることだ。電池式のものや家庭用電源を使ったものなどがあり、二次嫁系ではトイズハートの『亀頭娘』などが、このタイプにあたる。

Tamatoys
タマトイズ

見習い淫魔少女の不慣れなエナジードレイン！

オナニーばかりしてたら サキュバスちゃんがやってきた。 リリムの超名器

メーカー. Tamatoys　**発売日.** 2013/10/18　**参考価格.** 1,600円（税別）
イラストレーター. 非公開　**属性.** 淫魔、金髪、ロリ
BOXサイズ. 160 × 80 × 56 mm　**本体サイズ.** 中型
総重量. 230g　**仕様.** 非貫通　**素材.** －　**原産国.** 日本
付属品. ローション
お問い合わせ先. http://tamatoys.tma.co.jp/

商品概要. 見習い淫魔少女・リリムの人外娘ファンタジックホール。エッチに不慣れなロリ系サキュバスちゃんのアソコを再現したアイテムで、モチモチした感触と人間ではありえない複雑な内部構造は、これまで体験したことのない悪夢のような快感へと誘ってくれるぞ。見習い淫魔少女の不慣れなエナジードレインをお試しあれ！

うぶな淫魔の可愛さは まさに天使級!!

リリムはサキュバスだけど、エッチなことに不慣れなうぶっ娘だ。カラダのほうも未発達で、おっぱいは"ちっぱい"のまま。男たちから精液を搾り取ろうと襲っても、いつの間にか立場が逆転してしまうのだ。

淫魔の女王がもたらす悪夢のような快感

オナニーばかりしてたら サキュバスさんがやってきた。 リリスの超名器

メーカー. Tamatoys	発売日. 2013/10/18	参考価格. 1,900円（税別）

イラストレーター. 非公開　　属性. 淫魔、銀髪、巨乳
BOXサイズ. 160×80×56 mm　　本体サイズ. 中型
総重量. 290g　　仕様. 非貫通　　素材. －　　原産国. 日本
付属品. ローション
お問い合わせ先. http://tamatoys.tma.co.jp/

商品概要. 淫魔の女王・リリスの人外娘ファンタジックホール。性技に長けたサキュバスの女王様の凄すぎるアソコを再現しており、サキュバスならではのモチモチ感触はそのままに、見習い淫魔のリリスちゃんとは違う膣内構造で完璧なエナジードレインを浴びせかけてくるぞ。高貴なる淫魔王家の秘性技に溺れてみてはいかがだろうか？

下賤な人間どもは 女王様にひれ伏すべき

王家出身のリリスは、唯我独尊タイプのサディスティックな性格だ。体型は、美しい曲線を描いたボンキュッボンなパーフェクトライン。雌のフェロモン全開で、男たちが干からびるまで精液を搾取するぞ。

女子校生の口内を完全再現!!!
女子校生のフェラホール 唾液ローション付き

メーカー. Tamatoys　**発売日.** 2013/07/19　**参考価格.** 4,760 円（税別）
イラストレーター. 非公開　**属性.** 女子校生、口内、フェラ
BOXサイズ. 195 × 137 × 74 mm　**本体サイズ.** 中型
総重量. 700g　**仕様.** 非貫通　**素材.** －　**原産国.** 中国
付属品. 女子校生の匂い付き唾液ローション（120ml）
お問い合わせ先. http://tamatoys.tma.co.jp/

商品概要. 女子校生の"口"を再現したフェラホール。外部にはリアルな鼻や唇があり、内部には、ザラつく舌も完備。舌の感触や狭く奥まった喉チンコの刺激が、ソフトなフェラからイラマチオまで楽しめる構造になっているのだ。一度使えば、咥え込んだら離さない女子校生フェラの恐ろしさを知ることができるぞ。

ムッチリ感がたまらない女体型!

やわらかおっぱい
オナドール

メーカー. Tamatoys　**発売日.** 2012/12/07　**参考価格.** 2,200円（税別）
イラストレーター. 非公開　**属性.** ぷにぷに、巨乳、たま娘
BOXサイズ. 192 × 137 × 60 mm　**本体サイズ.** 中型
総重量. 400g　**仕様.** 非貫通　**素材.** ―　**原産国.** 中国
付属品. Superピュアローション（120ml）
お問い合わせ先. http://tamatoys.tma.co.jp/
商品概要. ムッチリした柔らかな質感が気持ちいい女体型ホール。本体外部にはプニプニのおっぱいがあり、その柔らかさは揉めば揉むほど感動すること間違いなし。挿入口はうっすらピンク色に着色されていて、内部にはツブツブの数の子天井が最奥部まで続いているのだ。伸縮性も高いので、柔らか凄いバキューム感も楽しめるぞ。

パッケージの女の子はマスコットキャラ！

パッケージに描かれた巨乳娘は、タマトイズのオリジナル・マスコットキャラクター、すーぱーたま娘（にゃん）。オナホール以外にも様々なアイテムが発売されているので、チェックしてみてはいかが？

"我妻"と書いて"わがまま"と読む！
我妻なたれ乳 THE HOLE

|メーカー.|Tamatoys|発売日.|2012/12/07|参考価格.|2,800円（税別）|

イラストレーター. トグチマサヤ　　属性. 人妻、熟女、垂れ乳
BOXサイズ. 137 × 196 × 73 mm　　本体サイズ. 中型
総重量. 500g　　仕様. 非貫通　　素材. −　　原産国. 中国
付属品. 人妻の本気汁ローション（120ml）
お問い合わせ先. http://tamatoys.tma.co.jp/

商品概要. 漫画家のトグチマサヤの作品とコラボした女体型ホール。エロ過ぎる熟女の"たれ乳"と柔肌のような吸い付き感をリアルに再現。挿入口はムッチリした尻穴をイメージして作られている。付属のローションを組み合わせると、いやらしいバキューム音を響かせることもできるぞ。

美っ痴妻がエロ過ぎる原作本にも注目！

フェロモンむんむんの美っ痴妻ばかりが登場する原作本には、自家撮りエロ画像を配信していた継母との秘密の関係を描いた『継母生ライブ』のほか、『義姉のストレス解消法』『ママの狂育的指導』などを収録。

Illustrater Profile

トグチマサヤ

漫画雑誌『COMIC MILF』（ティーアイネット）などで活躍中の漫画家。巨乳な人妻作品を多く手掛けている。単行本『我妻なたれ乳』が発売中。

付属ローションで、姉の愛液を完全再現！

つくろう!! オナホ姉

メーカー． Tamatoys　　**発売日．** 2012/12/07　　**参考価格．** 2,800円（税別）
イラストレーター． 秋神サトル　　**属性．** 姉、巨乳、専用
BOXサイズ． 137×196×73 mm　　**本体サイズ．** 中型
総重量． 440g　　**仕様．** 非貫通　　**素材．** －　　**原産国．** 中国
付属品． 姉の本気汁ローション（120ml）
お問い合わせ先． http://tamatoys.tma.co.jp/
商品概要． 漫画家の秋神サトルの作品とコラボした中出し専用オナホール。実姉をオナホ代わりにする原作コミック同様、肉感たっぷりでとろけるように気持ちいいアソコに姉の愛液を再現した本気汁ローションを使えば、吸い付きバツグンのバキューム感をさらに味わえるぞ。

姉をオナホ代わりに!?
双子姉弟の相姦物語

原作本『つくろう!! オナホ姉』は、生意気な姉を人間オナホに大改造する劇的ビフォーアフター・ストーリー。双子の弟・当麻に犯された姉の麻奈は、次第に肉体の快楽に溺れ妊娠してしまう……。

Illustrater Profile

秋神サトル

漫画雑誌『COMIC Mujin』（ティーアイネット）などで活躍中の漫画家。単行本『避妊禁猟区』『つくろう!! オナホ姉』『孕め！肉便器』が発売中。

057

美脚女子社員の匂いまで堪能！
美脚の働くお姉さんオナホール

メーカー. Tamatoys　　**発売日.** 2012/11/16　　**参考価格.** 2,400 円（税別）
イラストレーター. 非公開　　**属性.** OL、美脚、ストッキング
BOXサイズ. 190 × 118 × 59 mm　　**本体サイズ.** 中型
総重量. 410g　　**仕様.** 非貫通　　**素材.** －　　**原産国.** 中国
付属品. 匂い付き黒ストッキング、OLの愛液ローション（120ml）
お問い合わせ先. http://tamatoys.tma.co.jp/
商品概要. フェロモン溢れる美脚女子社員を堪能できるオナホール。低反発素材を使用した入り組んだ内部構造の刺激は、ヌプヌプの柔らかさで癖になることうけあい。さらに、メーカーこだわりの"働くお姉さんの匂い付き"黒ストッキングも付属されているので、クンカクンカしながら新境地に挑んでみてはいかがだろうか。

Tamatoys

日焼け娘の可愛いアソコはピッチピチ!!

ロリかわいい少女のピチピチホール
専用アロマローション付き

メーカー． Tamatoys **発売日．** 2012/10/19 **参考価格．** 1,600 円（税別）
イラストレーター． 昭嶋しゅん **属性．** ロリ、日焼け、水着あと
BOX サイズ． 160 × 80 × 60 mm **本体サイズ．** 中型
総重量． 250g **仕様．** 非貫通 **素材．** － **原産国．** 日本
付属品． ロリかわいい少女のいい香りアロマローション（50ml）
お問い合わせ先． http://tamatoys.tma.co.jp/
商品概要． 漫画家の昭嶋しゅんがイラストを手掛けたロリかわ少女オナホール。水着の日焼け跡が似合うかわいい少女のピチピチ膣壁を再現したもので、内部は締め付け感バツグンのウェーブと突起がアナタを包み込み、最奥まで進むと大き目の突起が先端を刺激する構造になっている。ローションで味わえるロリかわ少女のいい香りもおかずにしよう。

Illustrater Profile

昭嶋しゅん

漫画雑誌『COMIC 阿吽』などで活躍中の漫画家。ヒット出版より、単行本『サポ待ち少女』『モバ・コイ』『かえるのしっぽ』などが発売中。

Tamatoys

知的美人のお嬢様女子校生はやわらか名器

清楚な女子校生のやわらかホール
専用アロマローション付き

メーカー. Tamatoys　　**発売日.** 2012/10/19　　**参考価格.** 1,600円（税別）
イラストレーター. 堺はまち　　**属性.** 清楚、知的、美少女
BOXサイズ. 160×80×60mm　　**本体サイズ.** 中型
総重量. 250g　　**仕様.** 非貫通　　**素材.** －　　**原産国.** 日本
付属品. 清楚な女子校生のいい香りアロマローション（50ml）
お問い合わせ先. http://tamatoys.tma.co.jp/
商品概要. 女子校生の柔らかな膣壁を再現したオナホール。気持ちよさを追求した構造で、膣道にはヒダヒダと締め付けを演出する刺激スポットが用意されている。最奥部には、ツブツブした構造物があり先端を刺激してくれるぞ。本体全体が、ブルーなのも特徴だ。

Illustrater Profile

堺はまち
漫画雑誌『COMIC 阿吽』などで活躍中の漫画家。ヒット出版より、単行本『ふれるな危険！』『せっくすなう』『アライブ』などを発売中。

働くお姉さんのもっちりホール
専門アロマローション付き

働くお姉さんはもっちり感抜群!!!

メーカー. Tamatoys　**発売日.** 2012/10/19　**参考価格.** 1,600円（税別）
イラストレーター. 師走の翁　**属性.** OL、巨乳、ストッキング
BOXサイズ. 160×80×60mm　**本体サイズ.** 中型
総重量. 250g　**仕様.** 非貫通　**素材.** －　**原産国.** 日本
付属品. 働くお姉さんのいい香りアロマローション（50ml）
お問い合わせ先. http://tamatoys.tma.co.jp/
商品概要. 働くお姉さんのもっちりした膣壁を再現したホールで、本体全部がワイン色なのが特徴だ。素材はモチモチした弾力のある柔らかな質感で、膣道中央部にはツブツブともっちりを演出する刺激スポットがあり、先端部を刺激する最奥部には大きなヒダヒダが付いているぞ。

Illustrater Profile

師走の翁
漫画雑誌『COMIC 阿吽』などで活躍中の漫画家。ヒット出版より、単行本『ピスはめ！』上・下巻、『JC エッチ』『娘。のいる風俗ビル』などを発売中。

Tamatoys

艶やかな遊女たちとのひと時……

華は蜜夜に咲き乱れ 遊女の蜜壺

メーカー.	Tamatoys	発売日. 2012/09/21	参考価格. 3,320円（税別）

イラストレーター. 由雅なおは　**属性.** 美少女、遊女、蜜
BOXサイズ. 190×118×59 mm　**本体サイズ.** 中型
総重量. 530g　**仕様.** 非貫通　**素材.** −　**原産国.** 日本
付属品. 遊女の蜜液ローション（120ml）、パワーシリコンリング3点セット
お問い合わせ先. http://tamatoys.tma.co.jp/

商品概要. 由雅なおはの原作コミックとコラボしたオナホール。本体全部が赤紫色で、中央部が握りやすく窪んだヒョウタン型をしているのも特徴だ。内部には大小のツボつぶがびっしりとあり、最奥部のフィニッシュゾーンにはリング状の大きな突起物が配置されている。付属のシリコンリングを息子に嵌めて使えば、締め付け感も倍増するぞ。

遊郭で繰り広げられる少女たちの官能ドラマ

原作コミックの物語は、山奥にある遊郭を舞台に美しい遊女たちの生き様を描いた官能時代ドラマ。家族のために遊女になった山吹が毎夜繰り広げられる淫猥な行為に戸惑いながらもその才能を開花させていく。

Illustrater Profile

由雅なおは
DMMで配信中のデジタルコミック誌『コミックグレープ』などで活躍中の漫画家。単行本は、オークスやマックスなどから発売中だ。

つるぺた少女の女体を再現!!
オナホール 少女式

メーカー. Tamatoys **発売日.** 2012/08/24 **参考価格.** 3,680 円（税別）
イラストレーター. いぬぶろ **属性.** ロリ、つるぺた、麦わら帽子
BOX サイズ. 205 × 157 × 65 mm **本体サイズ.** 中型
総重量. 520g **仕様.** 非貫通 **素材.** - **原産国.** 日本
付属品. 10代少女の匂い付きローション（120ml）、縞パンツ
お問い合わせ先. http://tamatoys.tma.co.jp/
商品概要. つるぺた少女のボディラインをかたどったオナホール。本体には、ふくらみかけの貧乳とぷっくりと盛り上がった土手パイパンがあるぞ。内部にはツブヒダやうねりのあるヒダ、敏感な先端を刺激する縦ヒダがあるなど、まさにヒダ尽くしなのだ。付属の縞パンツに10代少女の匂い付きローションを付けて、妄想を掻き立てるべし！

Illustrater Profile

いぬぶろ
コミック『はたらく！おねえさん』で人気を博した漫画家。現在は「こだくさん」名義で、講談社より単行本『きょうの思春期』を発売中。

063

女子校生の香りとパンツが脳内を刺激する！
スウィートペッパー オナホール

メーカー． Tamatoys　**発売日．** 2012/07/27　**参考価格．** 2,800 円（税別）
イラストレーター． 唐辛子ひでゆ　**属性．** ロリ、女子校生
BOX サイズ． 205 × 157 × 65 mm　**本体サイズ．** 中型
総重量． 440g　**仕様．** 非貫通　**素材．** －　**原産国．** 日本
付属品． 10代少女の匂い付きローション（120ml）、女子校生の普段履きパンティ
お問い合わせ先． http://tamatoys.tma.co.jp/
商品概要． 唐辛子ひでゆの原作コミックとコラボしたオナホール。漫画に登場する、ふわふわ甘くてちょっぴり刺激的な女子校生のアソコを再現したもので、挿入口付近がすり鉢状になっているのが大きな特徴だ。内部構造では、大き目のツブツブと奥まで続くうねりのあるヒダヒダが刺激的だぞ。付属のパンツは、女子校生の普段履き用とのこと。

とろける甘さの中に ピリッと刺激あり!!

原作は『COMIC 阿吽』（ヒット出版社）に掲載された10篇を収録した単行本。パッケージに描かれた女の子は『パンツ～刻を越えて』に登場する幽霊の小夢ちゃんだ。本編では着物なので制服姿は表紙だけ！

Illustrater Profile

唐辛子ひでゆ
ゲームの原画なども手掛ける漫画家。漫画雑誌『COMIC 阿吽』などで活躍中。ヒット出版社より、単行本『MGY-マグワイ-』が発売中。

エアダッチに装着可能な優れもの！
エアダッチのためのオナホール

メーカー. Tamatoys **発売日.** 2012/04/20 **参考価格.** 1,900 円（税別）
イラストレーター. 非公開 **属性.** 空気嫁、ヘッドホン、たま娘
BOX サイズ. 183 × 128 × 64 mm **本体サイズ.** 中型
総重量. 330g **仕様.** 非貫通 **素材.** - **原産国.** 日本
付属品. ローション（20ml）
お問い合わせ先. http://tamatoys.tma.co.jp/
商品概要. お尻に特化したエアダッチ『キューティー HIP』専用のオナホールだ。230gのふわとろ素材と2重構造が、リアルな内部と感触を実現。挿入口は若干狭めで、スパイラル構造になっている内部には、小さなイボイボと柔らかなヒダヒダが配置されている。装着しやすい円錐型なので、ほぼすべてのエアダッチで使用可能。ずれにくいのも特徴だ。

『エアダッチのためのオナホール』を装着できる専用のお尻型エアダッチ『キューティー HIP』も発売中だ。付属品として縞パンが同梱されているので、エアダッチに穿かせて、ずらしハメを試してみよう！

エッチな妹・マユちゃんとのイケナイ性交
おにいちゃん大好き！

メーカー. Tamatoys **発売日.** 2011/07/22 **参考価格.** 3,480 円（税別）
イラストレーター. ぺけぺけらいん **属性.** ロリ、妹、縞パン
BOXサイズ. 196 × 138 × 73 mm **本体サイズ.** 中型
総重量. 440g **仕様.** 非貫通 **素材.** － **原産国.** 中国
付属品. オリジナル漫画CD-ROM、縞パンツ、ヒアルロン酸入りスーパーローション
お問い合わせ先. http://tamatoys.tma.co.jp/
商品概要. 付属の描き下ろしオリジナル漫画に登場する"兄ちゃん大好きっ子"のマユちゃんをモデルにした妹系ロリホール。本体は、根元までたっぷり咥え込むロングタイプで、内部には快感を呼び起こすうねりとヒダヒダが施され、最奥部では未熟なアソコならではのキツく締め上げる感覚を味わうことができるのだ。豪華特典も魅力的な一品！

Tamatoys

付属コミックの気になる内容は？

ぺけぺけらいん氏の手によるオリジナル漫画は、マユちゃんとお兄ちゃんのイケナイ関係を描いたストーリー。いけないと知りながら近親相姦の快楽に溺れていく仲のいい兄妹が行き着く先ははたして……。

バキューム感がたまらない結愛ちゃんのアソコ
結愛でイクの!!

メーカー. Tamatoys **発売日.** 2011/06/24 **参考価格.** 3,480円（税別）
イラストレーター. ガラクタ **属性.** 赤髪、美少女、縞パン
BOXサイズ. 196×138×73 mm **本体サイズ.** 中型
総重量. 440g **仕様.** 非貫通 **素材.** - **原産国.** 中国
付属品. 漫画CD-ROM、縞パンツ、ヒアルロン酸入りスーパーローション
お問い合わせ先. http://tamatoys.tma.co.jp/
商品概要. 付属のオリジナル漫画に登場する女の子・結愛（ゆあ）ちゃんのアソコがモデルのオナホール。先に紹介した『おにいちゃん大好き！』と同様の波打つようなフォルムはグリップ性に優れ、握りやすい構造。内部にはうねりとヒダのほか、大き目のツブがアナタを刺激し、最奥で待っているヒダヒダがフィニッシュまで導いてくれるぞ。

双子姉妹の妹は、元気な巨乳娘！

ツインズいもうと
サンドイッチ♡千歳

メーカー． Tamatoys　**発売日．** 2011/05/27　**参考価格．** 3,480 円（税別）
イラストレーター． がなり龍　　**属性．** 双子、妹、ツインテール、巨乳
BOX サイズ． 196 × 138 × 73 mm　　**本体サイズ．** 中型
総重量． 430g　**仕様．** 非貫通　**素材．** －　**原産国．** 中国
付属品． オリジナル漫画 CD-ROM、縞パンツ、ローション
お問い合わせ先． http://tamatoys.tma.co.jp/
商品概要． 双子の妹たちとの禁断の三角関係ストーリーを楽しめるオナホール。妹・千歳のホールは、挿入口付近に大き目の突起物があり、キュッと強めに締め付ける膣道を抜けると最深部にはさらに締め付ける快感スポットがアナタを優しく包み込んで刺激してくれるぞ。甘えん坊の千歳と秘密を分かち合いながら昇天するべし！

Tamatoys

双子の妹・千歳は
どんな女の子？

相関図によれば、双子姉妹とおにいちゃんは、母親違いの兄妹。千歳は明るい性格で、"超"が付くほど活発な女の子だ。チャームポイントは、大きな胸とツインテール。頭脳明晰でおしとやかな姉に憧れている。

Illustrater Profile

がなり龍
オナホールのパッケージイラストを複数手掛けるイラストレーター。主催する同人サークル「龍虎乃巣」で、同人誌なども執筆している。

068

双子姉妹の姉は、おしとやかな貧乳少女

ツインズいもうと サンドイッチ♡千尋

メーカー. Tamatoys　**発売日.** 2011/05/27　**参考価格.** 3,480 円（税別）
イラストレーター. がなり龍　**属性.** 双子、姉、ポニーテール、貧乳
BOX サイズ. 196 × 138 × 73 mm　**本体サイズ.** 中型
総重量. 430g　**仕様.** 非貫通　**素材.** －　**原産国.** 中国
付属品. オリジナル漫画 CD-ROM、縞パンツ、ローション
お問い合わせ先. http://tamatoys.tma.co.jp/
商品概要. 双子の妹たちとの禁断の三角関係ストーリーを楽しめるオナホールの"姉"バージョン。姉・千尋のホールは、挿入口付近から奥まで続く膣道に絶妙なバランスのツブツブが張り巡らされ、最奥のフィニッシュポイントでは強烈なバキューム効果を味わうことができる。元気な千歳とおしとやかな千尋、アナタはどちらのタイプがお好み？

双子の姉・千尋はどんな女の子？

双子の姉・千尋は、おしとやかな性格で頭脳明晰な女の子。自分を上手く表現することが苦手なので、明るく人懐っこい千歳に憧れを持っているらしい。つるぺたな胸とポニーテールがチャームポイントだ。

Tamatoys

069

Tamatoys
タマトイズ

オナホメーカー Q&A その④

オナホールのパッケージについて気になる点を、各オナホメーカーに聞いてみたぞ。二次嫁HOLEに魅入られた紳士諸君、オナホを動かす手をちょっとだけ休めて目を通してくれたまえ！

Q 商品タイトル、キャッチコピー、イラストなどを作るうえで、気を付けている点はどんなところでしょうか？

A オナホなので、突っ込みがいのあるパッケージに心がけています。

Q これまで発売してきた自社アイテムの中で、これは「イケた！」と思うパッケージは何ですか？ その商品名と、その理由もお聞かせください。

A 『女子校生の聖水』という香水は、世界各国で話題になりました。

Q 逆に、このパッケージは「やってしまった……」と思った自社アイテムはありますか？ その商品名と、その理由もお聞かせください。

A ほとんどの商品がある意味やってしまっています。

Q パッケージのイラストを描いてみたい方は、どうすればいいですか？ イラストレーターの選定や依頼方法などは、どのようにしているのでしょうか？

A イラストで自己表現したい方は、メールください。ほぼ採用です。

Q それでは最後に、二次嫁HOLEを愛するユーザーの方、本書を機に二次嫁HOLEを愛したいと思った方々へ、何かメッセージをお願いします。

A 本書に載せられないパッケージ商品ばかり取り扱ってます。生温かい声援お願いします。

ありがとうございました！

NPG
日暮里ギフト

飛び出す長い舌でペロペロさせるのもまたよし！
よーじょ先輩のちいさなおくち

メーカー． NPG　　**発売日．** 2013/12　　**参考価格．** 1,600円（税別）
イラストレーター． リリスラウダ　　**属性．** 幼女、口、フェラ
BOXサイズ． 140 × 90 × 85 mm　　**本体サイズ．** 小型（140 × 65 × 65 mm）
総重量． 330g　　**仕様．** 非貫通　　**素材．** －　　**原産国．** 日本
付属品． ローション
お問い合わせ先． http://nijie.info/lp.php?page=onaho_factory
商品概要． NPG ×ニジエ オナホール絵師コンテスト企画商品第2弾。絵師・リリスラウダ氏が描く"よーじょ先輩"の小さなお口を再現したフェラホールだ。挿入口には愛らしい口と鼻、口内にはピンク色の長い舌やのどちんこもあるリアルな作りになっている。まとわり付いてくる舌が実現させたバキューム＆スクリューでの快感は新感覚！

Illustrater Profile

リリスラウダ
NPGと男性向けアダルトイラスト投稿SNS「ニジエ」で、共同企画されたオナホール絵師コンテストのロリオナホ部門で佳作を受賞。

やわらかおててで"にぎにぎ"してもらおう！
よーじょ先輩のちいさなおてて

メーカー． NPG　**発売日．** 2013/12　**参考価格．** 1,600円（税別）
イラストレーター． ptisfood　**属性．** 幼女、金髪ツインテール、手コキ
BOXサイズ． 140×90×85 mm　**本体サイズ．** 小型（100×65×75 mm）
総重量． 276g　**仕様．** 非貫通　**素材．** －　**原産国．** 日本
付属品． ローション
お問い合わせ先． http://nijie.info/lp.php?page=onaho_factory
商品概要． NPG×ニジエ オナホール絵師コンテスト企画商品第3弾は、絵師・ptisfood氏が描く金髪ツインテよーじょ先輩の小さなお手々を再現した手コキ系ハンドホール。手のサイズは10cmで、キツく握られた柔らかい手の平の中は大小のヒダヒダに覆われている。ギュッと締め付けてくれる可愛いおててで、シコシコしてもらおう！

Illustrater Profile

ptisfood
男性向けアダルトイラストを扱った投稿SNS「ニジエ」とNPGの共同企画されたオナホール絵師コンテストで、ロリオナホ部門最優秀賞を獲得。

作者の夢に現れたツインテ少女の感触は？
清楚ビッチノススメ

| メーカー. | NPG | 発売日. | 2013/12 | 参考価格. | 1,980 円（税別） |

イラストレーター. GaieN　　**属性.** 美少女、黒髪、ツインテール、夢
BOX サイズ. 150 × 80 × 55 mm　　**本体サイズ.** 大型（180 × 75 × 70 mm）
総重量. 998g　　**仕様.** 非貫通　　**素材.** －　　**原産国.** 日本
付属品. ローション
お問い合わせ先. http://nijie.info/lp.php?page=nippori_hole_1

商品概要. NPG ×ニジエ オナホール絵師コンテスト企画商品第 1 弾。絵師・GaieN 氏の夢に現れた黒髪ツインテ少女の感触をイメージしたオナホール。肉厚で作られた内部には、挿入口付近にコリコリした大きめのイボ、中間部にはプルプルのヒダがあり、最奥部にはギュッと締め付けてくるプチプチヒダが配置されている。発売は Amazon 限定。

Illustrator Profile

GaieN
NPG とニジエで共同企画されたオナホール絵師コンテストのオリキャラオナホ部門で、優秀賞を獲得。夢に現れた少女は、神尾夢という言うらしい。

やわやわオナホを熱望するすべての紳士に捧ぐ！

絶対やわやわ宣言！
ふわりん

メーカー． NPG　　**発売日．** 2013/08　　**参考価格．** 2,800 円（税別）
イラストレーター． 非公開　　**属性．** ふわふわ、やわやわ、もこもこ
BOX サイズ． 190 × 130 × 85 mm　　**本体サイズ．** 中型（60 × 150 × 65 mm）
総重量． 754g　　**仕様．** 非貫通　　**素材．** Jelly スキン　　**原産国．** 日本
付属品． やわやわオナホ専用ローション（300ml）
お問い合わせ先． sale@nipporigift.co.jp

商品概要． "絶対宣言"シリーズ第2弾は、ふわとろ素材のゲル状オナホールだ。表面がもこもこしていて、挿入口はぴったり閉じたスジまん、内部はプルンプルンのヒダが絡み付いてくる構造だ。究極の柔らかさを実現するために配合されたゲル状素材が、ねっとりぬっぷり包み込んでくれるぞ。

キツキツオナホを夢見たアナタへ！
絶対キツキツ宣言！しめたん

メーカー.	NPG	発売日.	2012/12	参考価格.	2,400円（税別）

イラストレーター.	非公開	属性.	キツキツ、シメシメ、コリコリ

BOX サイズ. 190 × 130 × 85 mm　**本体サイズ.** 中型（63 × 150 × 68 mm）

総重量.	700g	仕様.	非貫通	素材.	SMEスキン	原産国.	日本

付属品. キツキツオナホ専用ノンウォッシュローション（250ml）

お問い合わせ先. sale@nipporigift.co.jp

商品概要. "絶対宣言"シリーズ第1弾。形状記憶素材「SMEスキン」を採用したキツキツ系オナホール。内部には、大きなイボや小さなイボをびっしり並べた螺旋イボヒダ、コリコリしたイボ山などの刺激スポットが配置されている。素材の特性からくる押し戻す力がハンパないので、キツキツな締め付け感と密着感をバッチリ味わえるぞ。

これは世界初⁉ 足コキフェチご用達オナホ

足コキホール ソックソクにしてあげる！

| **メーカー.** NPG | **発売日.** 2012/12 | **参考価格.** 2,800円（税別） |

イラストレーター. みりの　**属性.** 美少女、靴下、足コキ
BOXサイズ. 150×100×100 mm　**本体サイズ.** 小型（125×5×5 mm）
総重量. 400g　**仕様.** 非貫通　**素材.** －　**原産国.** 日本
付属品. 専用ソックス、足臭ローション
お問い合わせ先. sale@nipporigift.co.jp

商品概要. モチモチとした柔らかさとスベスベとした肌感を両立させた驚きの足型ホール。その質感と肌触りは、まるで赤ちゃんの足のような感触だ。付属の専用ソックスには刺激構造も備わっているので、素足に飽きたらソックスを履かせて挑戦してみてはいかがだろうか。なお、市販のソックス（11-13cm）の使用も可能だぞ。

Illustrater Profile

みりの
トレーディングカードゲーム『東方銀符律』やソーシャルゲームなどでイラストを手掛けている漫画家。同人サークル「100円外務省」で活動中。

NPG

077

少女の秘密の花園を妄想再現！
ロリ★スティック＜アン＞

メーカー． NPG　**発売日．** 2011/08　**参考価格．** 1,500円（税別）
イラストレーター． 雨がっぱ少女群　**属性．** ロリ、おっとり、看板娘
BOXサイズ． 170 × 45 × 45 mm　**本体サイズ．** 中型（180 × 55 × 55 mm）
総重量． 270g　**仕様．** 非貫通　**素材．** ―　**原産国．** 日本
付属品． ローション
お問い合わせ先． sale@nipporigift.co.jp

商品概要． ロリポップガールのアソコを妄想スキャンした「ロリ★スティック」の特徴は、外観が四角いスティックタイプなっていること。おっとり少女の＜アン＞バージョンの内部には、キツキツなカーブがあったり、コリコリイボやブルブルヒダの刺激スポットが施されている。壁紙のダウンロード特典もあるぞ。

大人気の看板娘は悲しい過去を持つ少女

プロリコン伯爵のレポートによれば、アンは幼少の頃、親に捨てられた悲しい過去を持つ少女。それでも明るく素直に育った彼女は、パン屋の養女に迎えられ、今では立派な看板娘として元気に働いているらしい。

実物大で再現された秘密の花園をテースティング

ロリ★スティック＜セーラ＞

メーカー. NPG　**発売日.** 2011/08　**参考価格.** 1,500円（税別）
イラストレーター. 雨がっぱ少女群　**属性.** ロリ、ワガママ、お嬢様
BOXサイズ. 170 × 45 × 45 mm　**本体サイズ.** 中型（180 × 55 × 55 mm）
総重量. 240g　**仕様.** 貫通　**素材.** －　**原産国.** 日本
付属品. ローション
お問い合わせ先. sale@nipporigift.co.jp
商品概要.「ロリ★スティック」の＜セーラ＞バージョンは、おしゃまな少女のアソコを妄想スキャンした貫通タイプのオナホールだ。内部にはコリコリしたイボやプチプチしたヒダなどの刺激スポットがあるのはもちろんのこと、ずっぽり貫通させれば敏感な先端部分をキュッキュと締め付けてくれるぞ。こちらも壁紙のダウンロード特典付きだ。

スウィートロリポップは勝気なワガママお嬢様

セーラは、良家出身のお嬢様で、気が強くワガママな性格をしている。すでに許婚がいるらしいのだが、あまり好きではないとのこと。美少女ソムリエ・プロリコン伯爵のテイスティングレポートより。

ディテールをこだわり抜いた理想型ロリホール

空想少女群
<01.喜多村紫音>

メーカー.	NPG	発売日.	2011/05	参考価格.	3,400円（税別）
イラストレーター.	雨がっぱ少女群			属性.	ロリ、空想少女、理想型
BOXサイズ.	200 × 80 × 95 mm			本体サイズ.	−
総重量.	390g	仕様.	非貫通	素材.	−	原産国.	日本
付属品.	ぶっかけポスター2枚、ローション（80ml)、描き下ろしペーパー
お問い合わせ先.	sale@nipporigift.co.jp

商品概要. 漫画家の雨がっぱ少女群が監修した空想少女を具現化した女体型ホールだ。膨らみ始めた未成熟なおっぱい、幼さが残る華奢な腰付き、ぷっくり丸みを帯びた小さなお尻、強烈に締めつける未発達な秘部を写実的に再現。まさにリアルを超えた理想型二次元ロリータなのだ。付属の描き下ろしペーパーや壁紙ダウンロード特典も見逃せないぞ。

沈んだ瞳の少女はいつも独りぼっち

描き下ろしペーパー『雨がっぱ少女群通信』では、妄想少女・喜多村紫音ちゃんのもとに、彼女をモデルにしたオナホールが届けられる物語が描かれているぞ。学校でいつも独りぼっちの紫音ちゃんは……。

Illustrater Profile

雨がっぱ少女群

単行本『小指でかきまぜて』『あったかく、して』が、茜新社より発売中。NPG商品『ロリ★スティック』のパッケージイラストも担当している。

前の穴もちゃんと使えるロリアナルホール
空想少女群 <02. ゆーか>

メーカー. NPG **発売日.** 2011/05 **参考価格.** 3,400円（税別）
イラストレーター. おおたたけし **属性.** ロリ、空想少女、アナル
BOX サイズ. 200 × 80 × 95 mm **本体サイズ.** －
総重量. 446g **仕様.** 非貫通 **素材.** － **原産国.** 日本
付属品. ロリロリパール（10個入り）、ぶっかけポスター、ローション（80ml）、描き下ろしペーパー
お問い合わせ先. sale@nipporigift.co.jp
商品概要. 二次元ロリータ空想少女を完全具現化した漫画家・おおたたけしバージョン。ちっぱいやトジマン、デカクリ、ぷりぷりしたお尻など、キッズボディのディテールにこだわったロリ系アナルホールで、前の穴に付属のパールを入れることでコロコロした刺激も楽しむことができる。描き下ろしや壁紙のダウンロード特典も付いているぞ。

純潔を守る少女の アナルを愛しよう

妄想少女・ゆーかちゃんは、お兄ちゃん大好きっ子。おちんちんを入れて欲しくて、せっかく貯めたおてつだいポイントをついつい使い過ぎちゃうほど。付属の説明書を読んで、ゆーかちゃんと楽しく遊ぼう。

Illustrater Profile

おおたたけし

漫画雑誌『COMIC LO』（茜新社）などで活躍中の漫画家。茜新社より単行本『ぜったい快感めかにずむ』『ナイショのりとるえくすたし』などを発売中。

NPG

ロリの真髄はスクール水着にあり！

空想少女群
＜03. 梶ヶ谷藍＞

メーカー. NPG　**発売日.** 2011/05　**参考価格.** 3,400円（税別）
イラストレーター. 大原久太郎　**属性.** ロリ、空想少女、スクール水着
BOXサイズ. 200 × 80 × 95 mm　**本体サイズ.** －
総重量. 414g　**仕様.** 非貫通　**素材.** －　**原産国.** 日本
付属品. オナホ専用ミニミニスクール水着、ぶっかけポスター、ローション（80ml）
お問い合わせ先. sale@nipporigift.co.jp

商品概要. 漫画家・大原久太郎が、空想少女をプロデュースした女体型ホール。水泳少女のキツキツなアソコを具現化したもので、付属の専用ミニミニスクール水着を着せることもできる。小麦色の日焼け肌とスク水のコントラストを楽しみながら水着をずらして「くぱぁ」して、挿入してみてはいかがでしょうか？　壁紙ダウンロード特典付き。

勝気なボクっ娘は押しに弱いMっ子

妄想少女・梶ヶ谷藍ちゃんは、ネコ耳の形になっているクセっ毛と、日焼けした小麦色の肌がチャームポイントなボクっ娘だ。アソコはまだツルツルなのに、眉毛が太くて濃いのがコンプレックスなんだって。

Illustrater Profile

大原久太郎
自身で主催する同人サークル「09FACTORY」にて活動中の漫画家。SABER FISHから発売中の18禁同人ゲームにて、原画を担当している。

ロリビッチでもアソコの中が綺麗な薄ピンク色

ないしょのついんてーるず！
<ロリビッチ 笹倉かなちゃん>

メーカー． NPG **発売日．** 2010/12 **参考価格．** 3,962 円（税別）
イラストレーター． あかざわ RED **属性．** ロリ、ツインテール、双子、妹
BOX サイズ． 200 × 80 × 95 mm **本体サイズ．** 中型（150 × 50 × 50 mm）
総重量． 550g **仕様．** 非貫通 **素材．** － **原産国．** 日本
付属品． じょじパンツ、みるくぱうだぁ～、ないしょのきんちゃく袋、ローション、壁紙ダウンロードカード
お問い合わせ先． http://nipporigift.co.jp/4160/
商品概要． 漫画家・あかざわ RED が監修した人気シリーズの妹バージョン。ロリビッチの笹倉かなちゃんは下付きの半熟名器仕様で、狭く短い内部には奥までヒダが続いているぞ。幼女特有の浮き出たアバラとぽっこりイカ腹もリアルに再現。付属品の"じょじパンツ"は、かわいいプリントが付いた110cmサイズ！

Illustrater Profile

あかざわ RED
『ないしょのついんてーるず！』シリーズのキャラクターデザインと監修を努めている漫画家。Tokyo Libido からシリーズ第2弾も発売中だ。

ロリコンのロリコンによるロリコンのためのオナホール
ないしょのついんてーるず！
<正統派ロリ 笹倉さなちゃん>

メーカー. NPG **発売日.** 2010/12 **参考価格.** 3,962 円（税別）
イラストレーター. あかざわ RED **属性.** ロリ、ツインテール、双子、姉
BOX サイズ. 200 × 80 × 95 mm **本体サイズ.** 中型（150 × 50 × 50 mm）
総重量. 560g **仕様.** 非貫通 **素材.** - **原産国.** 日本
付属品. じょじパンツ、みるくぱうだぁ～、ないしょのきんちゃく袋、ローション、壁紙ダウンロードカード
お問い合わせ先. http://nipporigift.co.jp/4160/

商品概要. 漫画家・あかざわ RED が監修した人気シリーズの姉バージョン。正統派ロリの笹倉さなちゃんは上付きの半熟名器で、内部はあさあさでキツキツな仕様だ。JS の愛液を具現化した"じょじみつローション"を使えば、ちびっ娘ロリとのエッチなシチュエーションを夢想する手助けをしてくれるぞ。背徳行為で妄想しても天国へはイケる！

Q&A

NPG
日暮里ギフト

オナホメーカー Q&A その⑤

オナホールのパッケージについて気になる点を、各オナホメーカーに聞いてみたぞ。二次嫁 HOLE に魅入られた紳士諸君、オナホを動かす手をちょっとだけ休めて目を通してくれたまえ！

Q 商品タイトル、キャッチコピー、イラストなどを作るうえで、気を付けている点はどんなところでしょうか？

A タイトルやコピーは、ネタを盛り込みすぎるクセがあるので、なるべくシンプルに、わかりやすくするように心がけています。イラストは、絵師さんに楽しんで描いてもらいながらも、商品特性をはずれないようにすることに注力していますね。

Q これまで発売してきた自社アイテムの中で、これは「イケた！」と思うパッケージは何ですか？ その商品名と、その理由もお聞かせください。

A 『ないしょのついんて〜るず！』に思い入れがあります。これは「自分が欲しいオナホールを作ろう！」という思いで開発したため、エゴが強すぎた独りよがりの商品に仕上がってしまったと心配していたんですが、いざ発売してみたら前代未聞の盛り上がりとなり、日本の未来が少し心配になりましたw

Q 逆に、このパッケージは「やってしまった……」と思った自社アイテムはありますか？ その商品名と、その理由もお聞かせください。

A 『ロリちゅ〜ぶ！』シリーズかな……発売後にもうちょっとキャッチーにできたと後悔しました。「JS たちが集う謎の動画投稿 SNS サイト Loli Tube」とか詰め込みすぎでワケわかりませんよね。

Q パッケージのイラストを描いてみたい方は、どうすればいいですか？ イラストレーターの選定や依頼方法などは、どのようにしているのでしょうか？

A ご希望の方は弊社広報の Twitter アカウント（@AinaMayui）にご連絡ください。追ってご連絡致します。選定方法は絵師としての力量はもちろんですが、一緒に仕事がしやすい人を優先します。お互いが楽しく仕事ができなければよい商品は生まれません。

Q それでは最後に、二次嫁 HOLE を愛するユーザーの方、本書を機に二次嫁 HOLE を愛したいと思った方々へ、何かメッセージをお願いします。

A ユーザのサイズには個人差がありますし好みもありますので、オナホールは使い手よってまったく違う使用感となります。自身に合う合わないは実際に使ってみなければわかりませんので、いろいろな商品を試していただき、貴方にベストマッチするオナホールを探し出してください。相性のよいオナホが一つあると、人生が潤いますよ。

ありがとうございました！

オナホールを買うときの注意点!!

基礎知識

初めてオナホールを購入する際に、知っておきたい基礎知識をアドバイスする。解説する3つのポイントを押さえてオナホゲットだぜ!

1 オナホールと一緒に買おう!

オナホールを購入する際に、忘れちゃいけないのがローションだ。ローションは付属品として付いていることが多いのだが、その量はほとんどが1回分程度と少なめ。途中で足りなくなることもあるし、オナホールを1回しか使わないわけがないのだからローションは必ず別買いしよう。

2 オナホールは複数買うといい!

モノのサイズは千差万別だし、刺激の好みも人それぞれなのだから、ブログなどで高評価されているものでも自分に合うかはわからない。なので、最初はタイプの違うオナホールを複数買って試してみるのがいいだろう。サイズの大小、キツめかユルめか。自分の好みを探るべし!

3 買ったオナホールはまず洗う

手に入れたらすぐに使いたい気持ちはわかるが、まずは洗うことをオススメする。言うまでもなくデリケートな部分を突っ込むわけだから、これは衛生上とても大切なことだ。水洗いで十分だが、気になるなら石鹸などを使うのもいい。穴の中にも水と指を入れて、しっかり洗おう。

ペペローション
もっとも有名なローションだろう。無色無味・無臭で、初めてローションを買うならこれを選べばOKだ。

洗い不要ローションBIG
タマトイズから発売されている洗い不要ローション。使用後にティッシュで拭き取るだけで使い勝手がいい。

おなつゆ
トイズハートのオナホ専用ローション。注入から使用感、使用後の拭き取りまで快適さが追及されている。

Japantoyz
ジャパントイズ

美少女研究員が発明した変り種ホール！

お願いなつこりん♪ 国立オナホ研究所 皆川なつみ研究員のオナホール

メーカー. JAPAN-TOYZ **発売日.** 2013/06/21 **参考価格.** 2,839 円（税別）
イラストレーター. 八神 **属性.** 美少女、白衣、研究員
BOXサイズ. 180 × 120 × 70（mm） **本体サイズ.** 中型（180 × 60 × 60 mm）
総重量. 220g **仕様.** 非貫通 **素材.** エラストマー **原産国.** 中国
付属品. NOL ローション（150 ml）
お問い合わせ先. http://www.j-toyz.com/

商品概要.「お願い」シリーズ第 5 弾。国立オナホ研究所基礎研究部所属の研究員 "皆川なつみ" が発明した画期的な次世代型オナホール。本体をバナナ型に湾曲させて、ストレート構造よりも密着具合を格段にアップさせている。上下逆にして挿入すれば刺激スポットの切り替えも可能だ。BOX 側面に掲載された "国立オナホ研究所" の解説も必見！

皆川なつみ研究員はこんな女の子!!

皆川なつこ研究員は、ふたご座の女の子。神奈川県出身で、周囲からは "なつこりん" の愛称で呼ばれている。趣味は、プラモデル作りと本屋さんめぐり。片手で卵を割ることと、利き紅茶が得意らしい。

Illustrater Profile

八神
同人サークル「八木崎銀座」を主催する漫画家。同人誌『コンプライアンス！』『Love Managinal』などを、とらのあなで購入可能。

Japantoyz

猫耳少女と一緒に楽しいことしよう！
お願いななちゃん
猫耳少女 三毛ノ木なな

メーカー. JAPAN-TOYZ **発売日.** 2012/02/22 **参考価格.** 2,839 円（税別）
イラストレーター. 高瀬むぅ **属性.** ロリ、金髪、猫耳、しましま
BOXサイズ. 180 × 120 × 70（mm） **本体サイズ.** 中型（135 × 60 × 55 mm）
総重量. 220g **仕様.** 非貫通 **素材.** エラストマー **原産国.** 中国
付属品. にゃんにゃんローション（150 ml）
お問い合わせ先. http://www.j-toyz.com/
商品概要.「お願い」シリーズ第4弾。金髪と猫耳がチャームポイントの女の子"三毛ノ木なな"ちゃんのオナホールは、繊細な突起が優しく絡み付くまったり系だ。新触感の「ピュアエラストマー」素材を2層式にすることで、未体験のふわ肌刺激を体感できるようになっている。しかも本体は、ななちゃんのロゴマーク入りだ。

ひとりぼっちの三毛猫の夢は……？

いつも独りぼっちで公園にいた三毛猫の願いは、人間になること。ある日の夜、不思議な夢に現れた三角帽子を被った少年の魔法によって、その願いが叶い……。ラノベのようなキャラクター設定にも注目だ。

Illustrater Profile

高瀬むぅ
エッチ系ライトノベルなどで活躍中のイラストレーター＆漫画家。『課金制彼女 基本おつきあいは無料です』（二次元ドリーム文庫）などが発売中。

憧れの生徒会長には秘密がいっぱい！

お願いゆいちゃん
千石坂学園生徒会長 七咲ゆい

メーカー. JAPAN-TOYZ	**発売日.** 2012/11/23	**参考価格.** 3,000 円（税別）
イラストレーター. 非公開	**属性.** 黒髪ロング、巨乳、生徒会長		
BOXサイズ. 180 × 120 × 70 mm	**本体サイズ.** 中型（150 × 58 × 58 mm）
総重量. 250g	**仕様.** 非貫通	**素材.** エラストマー	**原産国.** 中国
付属品. とろとろローション（150 ml）
お問い合わせ先. http://www.j-toyz.com/

商品概要. 千石坂学園生徒会長 "七咲ゆい" ちゃんのオナホールが、「お願い」シリーズの第3弾だ。本体はプリティなお尻付きで、入口と奥が狭くて結構キツめ。内部は複雑で繊細な構造になっているので、とろとろの粘膜が絡み付くような感覚を味わえるのだ。学園のアイドルがキミだけに教えてくれる恥ずかしい秘密を思う存分堪能しちゃおう！

憧れの生徒会長の
恥ずかしい秘密！？

黒髪ロングで清楚なイメージの七咲ゆいちゃんだが、実はかなりの"巨乳"持ち。スリーサイズを秘密にしているところをみると、大きなおっぱいはコンプレックスなのかもしれない。純白のパンツは◎です!!!!

Japantoyz

090

デビルな家庭教師のアソコの形は……!?

お願いラン先生！
ちょっぴりデビルな家庭教師

メーカー. JAPAN-TOYZ **発売日.** 2012/08/10 **参考価格.** 2,839円（税別）
イラストレーター. 非公開 **属性.** 女教師、巨乳、メガネ
BOX サイズ. 210 × 155 × 72 mm **本体サイズ.** 中型（150 × 60 × 60 mm）
総重量. 230g **仕様.** 非貫通 **素材.** エラストマー **原産国.** 中国
付属品. ラブローション（120 ml）
お問い合わせ先. http://www.j-toyz.com/
商品概要.「お願い」シリーズの第2弾。ちょっぴりデビルなラン先生のオナホールは、バキュームポイントがハート型になっているのが特徴。奥にイクほど快感が増し、既存のホールを超越した新たな刺激を体験できるぞ。可愛い家庭教師ラン先生だけの特別素材「ピンキーエストラマー」で、ほどよい柔らかさの刺激を満喫しよう！

セクシー家庭教師の正体は……!?

家庭教師ラン先生の正体は、なんと"悪魔（デビル）"!! 美味しそうな胸元に目が行きがちだけど、実は可愛いシッポが生えているのだ。こんなに美人の悪魔なら、干からびるまで搾り採られても本望です！

Japantoyz

「お願い」シリーズの記念すべき第1弾

お願いおにいちゃん
うぶもえロリッ娘 まゆちゃん

メーカー. JAPAN-TOYZ **発売日.** 2012/05/18 **参考価格.** 2,362円(税別)
イラストレーター. 非公開 **属性.** ロリ、妹、おさげ
BOXサイズ. 180×120×70mm **本体サイズ.** 中型(140×50×50mm)
総重量. 180g **仕様.** 非貫通 **素材.** エラストマー **原産国.** 中国
付属品. 愛液ローション(150ml)
お問い合わせ先. http://www.j-toyz.com/

商品概要. おさげに赤いリボンがよく似合うロリッ娘"まゆちゃん"のオナホールだ。処女を想わせるアソコを堪能できるロリ仕様で、未使用感ばっちりのキツキツな挿入口から奥へ進むと、まとわり付くようなカズノコ名器がお出迎えしてくれる。最奥部に大きなバキュームスポットがあるのも特徴だ。

まゆちゃんは本当に
うぶ娘なのか？

守ってあげたくなるような可愛い妹・まゆちゃんが、大好きなお兄ちゃんにお願いしたのは……。こんなに可愛い妹に「お兄ちゃんにまゆの全部あげちゃうよ」なんて言われたら、ガマンできるわけがない!!

JAPAN TOYZ
ジャパントイズ

オナホメーカー Q&A その⑥

オナホールのパッケージについて気になる点を、各オナホメーカーに聞いてみたぞ。二次嫁 HOLE に魅入られた紳士諸君、オナホを動かす手をちょっとだけ休めて目を通してくれたまえ！

Q 商品タイトル、キャッチコピー、イラストなどを作るうえで、気を付けている点はどんなところでしょうか？

A インパクトと引きがあることを考えてます。また、人気アニメの題名やイラストを真似て作ってみたり、シリーズ化を想定して次に繋がるような商品名やイラストを考えます。

Q これまで発売してきた自社アイテムの中で、これは「イケた！」と思うパッケージは何ですか？ その商品名と、その理由もお聞かせください。

A メーカーサイドでこれはイケると思っても、実際に発売してみてヒットしない限りはイケてるとは言えません。もちろん発売するまでは全商品イケてると思って発売します。

Q 逆に、このパッケージは「やってしまった……」と思った自社アイテムはありますか？ その商品名と、その理由もお聞かせください。

A 発売するからには自信を持ったパッケージデザインをしてるので、やってしまったなどと思う商品を世に送り出すことはないです。

Q パッケージのイラストを描いてみたい方は、どうすればいいですか？ イラストレーターの選定や依頼方法などは、どのようにしているのでしょうか？

A 有名なイラストレーターのみを使用してるメーカーもありますが、そうでない場合もありますから、イラストに自信がある人なら直接メーカーに連絡を取ってみるのも手です。こちらの希望通りのイラストを描いてもらえる人が第一希望ですね。あとは価格です。

Q それでは最後に、二次嫁 HOLE を愛するユーザーの方、本書を機に二次嫁 HOLE を愛したいと思った方々へ、何かメッセージをお願いします。

A もっと気持ちいいオナニーをしたい人のために、日々研究を重ねてます。皆様にイラストのイメージ通りのオナホを提供できればと思ってます。

ありがとうございました！

オナホールの使用後の洗い方

基礎知識

ここからは、使ったオナホールの洗い方について解説する。洗うとき、洗ったあとの注意点なども一緒に紹介するので、忘れずに覚えておこう。

① 洗い方の基本

洗浄は、ホール内部に水を流し込み、使用後のヌルヌル感がなくなるまで指で洗うのが基本だ。しっかり洗うには、ボディソープやオナホ専用洗剤などを使うといい。洗い終わったらタオルやキッチンペーパーなどを指に巻いて、中の水分もきちんと拭き取る。割り箸でもいいぞ。

② 裏返して洗う方法

ホールを傷める可能性があるので、あまりオススメできないが、素材によっては裏返して洗うこともできる。利点は、汚れている箇所を確認しながらしっかり洗えるのだが、強引に裏返すと割れ目部分が裂けてしまうので注意しよう。洗い終わったら元に戻して、乾かせばOKだ。

③ 洗うとき・乾かすときの注意事項

ホールを洗うときに注意したいのは、まず爪を立てないことだ。あまりゴシゴシ洗いすぎると、内部のイボやヒダが取れることがあるからだ。水を拭き取るときも、こすったりすると傷の原因になるので、軽く押すようにして拭き取ろう。衛生面が気になるなら除菌クリーナーで消毒するのもいい。乾燥後にパウダーをかければ、オナホ特有のペタペタ感を取り除けるぞ。

ピュアクリーン ホールパウダー
タマトイズから発売されているオナホ専用メンテナンスパウダー。ベタついたホールがサラサラになるぞ。

すじまん 複合金属イオン配合パウダー
マジックアイズから発売中のオナホ専用パウダー。銀イオン、亜鉛イオン、銅イオンが配合されている。

消臭・除菌 オナホクリーナー
除菌・消臭・タンパク質の除去を目的としたオナホ専用洗剤。柑橘系の微香タイプで、発売はタマトイズ。

EXE
エグゼ

クビレグリップの小ぶりボディ
Party.01

メーカー. EXE　　**発売日.** 2013/12/25　　**参考価格.** 1,505 円（税別）
イラストレーター. チュ〜＆ミルクセーキ工房　　**属性.** 美少女、イエロー
BOX サイズ. 170 × 90 × 65 mm　　**本体サイズ.** 小型（130 × 55 × 55 mm）
総重量. 238g　　**仕様.** 非貫通　　**素材.** －　　**原産国.** 中国
付属品. EXE15ml ローション
お問い合わせ先. －
商品概要. コンパクトで使いやすい『Party』シリーズ Vol.1。ちょうど手に収まる握りやすいサイズで、クビレグリップになっているのが特徴だ。挿入口は、ぷりっとしていながら細めで、内部構造は小ぶりなボディからは想像できないほど、きめ細かいヒダヒダが連続しているぞ。

シンプルグリップの肉厚ストレート・ボディ
Party.02

メーカー． EXE　**発売日．** 2013/12/25　**参考価格．** 1,505円（税別）
イラストレーター． チュ〜＆ミルクセーキ工房　**属性．** 美少女、ピンク
BOXサイズ． 170 × 90 × 65 mm　**本体サイズ．** 小型（120 × 50 × 50 mm）
総重量． 228g　**仕様．** 非貫通　**素材．** −　**原産国．** 中国
付属品． EXE15mlローション
お問い合わせ先． −
商品概要． 『Party』シリーズのVol.2。手に収まるコンパクトサイズだが肉厚のストレートなシンプルグリップが特徴のホールだ。挿入口は、ぽってりと優しく迎え入れてくれる作りで、内部には小ぶりなサイズからは想像できないほどの細かいヒダヒダの連続と、イボイボへと続く絶妙な刺激構造が施されている。

挿入口に施された美ラインヒダに大興奮！

Party.03

メーカー. EXE　**発売日.** 2013/12/25　**参考価格.** 1,505円（税別）
イラストレーター. チュ〜＆ミルクセーキ工房　**属性.** 美少女、グリーン
BOXサイズ. 170 × 90 × 65 mm　**本体サイズ.** 小型（130 × 55 × 55 mm）
総重量. 242g　**仕様.** 非貫通　**素材.** −　**原産国.** 中国
付属品. EXE15ml ローション
お問い合わせ先. −
商品概要. 『Party』シリーズのVol.3。コンパクトで使いやすいサイズはそのままに、本体のグリップ部分がぷっくりと膨らんでいるのが特徴だ。挿入口にはこだわりの美ラインヒダが施され、内部には螺旋状の細かいヒダヒダとイボ壷があり、最奥部へと続く刺激スポットにも絡み付くようなヒダ構造が待ち構えているぞ。

ぽってり可愛いアソコは極狭構造
Party.04

メーカー． EXE　　**発売日．** 2013/12/25　　**参考価格．** 1,505 円（税別）
イラストレーター． チュ～＆ミルクセーキ工房　　**属性．** 美少女、パープル
BOX サイズ． 170 × 90 × 65 mm　　**本体サイズ．** 小型（130 × 50 × 50 mm）
総重量． 244g　　**仕様．** 非貫通　　**素材．** －　　**原産国．** 中国
付属品． EXE15ml ローション
お問い合わせ先． －
商品概要． 『Party』シリーズ Vol.4。使いやすい小ぶりなサイズはそのままに、ぽってりとしながらもキュッと締まった狭めで可愛い挿入口が特徴のホールだ。本体入口付近から始まる細かいヒダヒダと奥に進むほど激しくなっていく極狭ゾーンの先には、絶妙な刺激で楽しませてくれるイボイボが待っているぞ。

ぐるぐるグリップは吸い付くような握り心地

Spraut（すぷらうと）

メーカー． EXE　　**発売日．** 2013/11/25　　**参考価格．** 1,695円（税別）
イラストレーター． チュ〜　　**属性．** 美少女、萌えっ娘、黒髪ロング
BOXサイズ． 170×90×65 mm　　**本体サイズ．** 小型（125×60×60 mm）
総重量． 204g　　**仕様．** 非貫通　　**素材．** ―　　**原産国．** 中国
付属品． EXE15mlローション
お問い合わせ先． ―
商品概要． 本体のグリップ部分に螺旋状の溝が刻まれているのが特徴のホール。片手に収まるコンパクトサイズだが、内部は大型ホール負けないほど、細かいツブツブと無数の螺旋状ヒダに覆われているぞ。挿入口は、うるる目線で訴えかける未熟なうぶ娘らしい可愛い縦スジ1本線だ。

Illustrater Profile

チュ〜
EXEが発売するオナホールのパッケージを複数手掛けるイラストレーター。『bubbles#002』や『りある』なども、チュ〜氏によるものだ。

いたずら好きの魔女っ子にムニッと挿入
まじかるうぃっちほーる
ムニッchi（muni-chi）

メーカー. EXE　**発売日.** 2013/10/25　**参考価格.** 5,219円（税別）
イラストレーター. 白河子　**属性.** 魔女、三角帽子、巨乳
BOXサイズ. 216×165×108 mm　**本体サイズ.** 大型（170×140×75 mm）
総重量. 956g　**仕様.** 非貫通　**素材.** -　**原産国.** 中国
付属品. EXE15ml ローション
お問い合わせ先. -
商品概要. いたずら好きの魔女っ子をモチーフにした大型ホール。本体は、おっぱいやくびれなどを超立体的に再現した女体型で、830gの肉厚グラマラスボディなのだ。ムニッとした柔らかな手触り、ムニッと突き出た割れ目の臨場感、ムニッとした極上の吸い付き具合……そんなマジカル体験は、グラマーな魔女っ子でしか味わえないぞ。

EXE

Illustrater Profile

白河子
主催する同人サークル「Jun&Yuri」で活動している漫画家。EXE商品では『bubbles［バブルス］#001』も担当している。

101

前と後ろ、2つの穴を堪能すべし！

りある

メーカー. EXE　　**発売日.** 2013/10/25　　**参考価格.** 8,552 円（税別）
イラストレーター. チュ〜　　**属性.** ロリ、バック、2穴
BOX サイズ. 320 × 270 × 130 mm　　**本体サイズ.** 特大型（190 × 210 × 130 mm）
総重量. 2,586g　　**仕様.** 貫通　　**素材.** −　　**原産国.** 中国
付属品. 女性用ショーツ
お問い合わせ先. −
商品概要. 2kg超えの貫通型2穴ホール。お尻を後ろに突き出したバックスタイルになっているのが特徴で、弾力性、肌触り、重さなど、リアルな彼女を感じさせてくれる逸品だ。挿入口は前の穴と後ろの穴両方にあり、2つ穴は中でつながっている構造。1穴ずつじっくり責めるか、2穴交互に攻略するか、はたまた……。楽しみ方は2倍以上だぞ。

パンツは被らず履かせてね♪

『りある』には付属品として、女性用のパンツが同梱されているので、本体に履かせれば横ずらし挿入なんてことも可能だぞ。ちなみに、パンツの種類はパッケージの画像とは違うらしい。福袋感ってやつ？

柔らか発泡素材のフワフワ触感がたまらない
bubbles［バブルス］#001

メーカー. EXE **発売日.** 2013/08/25 **参考価格.** 2,838 円（税別）
イラストレーター. 白河子 **属性.** 美少女、ツインテール、制服
BOX サイズ. 170 × 90 × 65 mm **本体サイズ.** 小型
総重量. 344g **仕様.** 非貫通 **素材.** - **原産国.** 中国
付属品. EXE15ml ローション
お問い合わせ先. -

商品概要. 表面は大福っぽい白濁色で、内部の発泡素材はチョコレート色なのが、このホールの特徴だ。中型のなかではやや大きめのサイズで、もちもちした表面はほどよい硬さで持ちやすい。刺激物はイボイボとヒダヒダが交互に配置され、最奥部に作られた広めの空間には無数のイボイボがある。空気を抜けばお好みの締め付け感も味わえるぞ。

イボ包囲網の先には螺旋ヒダが待ち受ける！

bubbles ［バブルス］ ＃002

メーカー. EXE　　**発売日.** 2013/08/25　　**参考価格.** 2,838 円（税別）
イラストレーター. 奶音　　**属性.** 美少女、ツインテール
BOX サイズ. 170 × 90 × 65 mm　　**本体サイズ.** 小型
総重量. 354g　　**仕様.** 非貫通　　**素材.** —　　**原産国.** 中国
付属品. EXE15ml ローション
お問い合わせ先. —

商品概要.『＃001』同様、表面は白濁色だが、内部がキャラメル色になっているのが『＃002』の特徴だ。内部構造は、挿入口付近に大小様々な大きさのイボを配置し、そこを抜けると大きめなヒダが螺旋状にウェーブするゾーンが奥まで続いている。上下左右から襲い来るイボ包囲網とニュルっとした螺旋ヒダが絡み付く感触で、昇天間違いなし！

ゆるふわ素材の快感は予測不可能

MUNI MUNI［むにむに］

メーカー. EXE　**発売日.** 2013/07/25　**参考価格.** 2,362円（税別）
イラストレーター. チュ〜　**属性.** ロリ、碧眼、ロングヘア
BOXサイズ. 170 × 90 × 65 mm　**本体サイズ.** 小型
総重量. 270g　**仕様.** 非貫通　**素材.** ゆるふわスキン　**原産国.** 中国
付属品. EXE15ml ローション
お問い合わせ先. －
商品概要. 本体表面に独特の凸凹があるのが特徴のオナホール。"使いやすさ"を目指したというこのホールは、手に馴染む中型サイズで、表面の凸凹がほどよい感じの滑り止めになっている。内部構造は、挿入口から螺旋ヒダのゾーンとイボイボのゾーンが交互に配置されている作り。予測不可能な快感に、思わぬところで発射しちゃいそう。

「くぱぁ」していいのは、おにいちゃんだけ！
くぱまんどりーむ

メーカー. EXE **発売日.** 2013/02/25 **参考価格.** 3,790 円（税別）
イラストレーター. 小路あゆむ **属性.** ロリ、ツインテール、くぱぁ
BOXサイズ. 210 × 145 × 70 mm **本体サイズ.** 大型
総重量. 450g **仕様.** 非貴通 **素材.** エラストマー **原産国.** 中国
付属品. 特製ぶっかけポスター（等身大 150cm）、EXE15ml ローション
お問い合わせ先. -
商品概要. ぷにぷにですべすべなつるぺたボディが特徴のロリ系ホール。未成熟な幼女体型（？）にも見えますが、重さはなんと 300g で、重量感＆安定感もバッチリなのだ。内部はキツキツで、小さなヒダをかきわけて進むと、グイっと捻られたトルネードゾーンが絡み付き、最奥部では大きなイボが先端をツンツン刺激してくるぞ。

ひなちゃんのアソコはまだつぼみでしゅ！

オナホールのモデルの女の子は、夢原ひなこちゃん。〇歳。「ひらいていいのは、おにいちゃんだけだよ」なんて言われなくても、間違いなく「くぱぁ」しちゃうでしょ。ぶっかけポスターの抱き枕希望！

Illustrater Profile

小路あゆむ

ライトノベルの挿絵なども手掛けるイラストレーター兼漫画家。初単行本『ちっちゃなおなか』が、茜新社より発売中。お尻とぶに腹表現に注目！

極細未開拓！幼さ感じるヴァージンホール
つるぺたアイドル候補生 ただいま修行中！

メーカー. EXE　**発売日.** 2013/01/25　**参考価格.** 3,314 円（税別）
イラストレーター. 上田裕　**属性.** ロリ、ツインテール、つるぺた
BOX サイズ. 210 × 145 × 70 mm　**本体サイズ.** 大型
総重量. 389g　**仕様.** 非貫通　**素材.** －　**原産国.** 中国
付属品. EXE15ml ローション
お問い合わせ先. －
商品概要. 大ヒット作『つるぺたガール研究所』続編。ロリ絵師の巨匠・上田裕監修のこだわりがたっぷり込められた超絶リアルな"つるぺた"ボディが特徴のロリ系女体型ホールだ。挿入口の縦スジをぱっくり開いて奥へ侵入すると無数のイボイボがあり、さらに先へ進むとハイパー吸引ゾーンと極狭バージン・ロードの刺激で即イキ必死！

目指すはつるぺた界の トップアイドル!!

つるぺたガール候補生の"かえぴょん"こと、神楽坂かえでちゃんは、トップアイドルを目指す頑張り屋さん。そんなかえでちゃんが言う「アイドルになるためのエッチなレッスン」とは……。妄想力が試される。

Illustrater Profile

上田 裕
漫画雑誌『COMIC LO』などで活躍中の漫画家。茜新社より、単行本『とびだせ！こあくま』などを発売中。パッケージの設定資料集にも注目だ。

置いたらもうずれないずっしりホール
最近、妹が添い寝を求めてきて困っています。

メーカー. EXE　**発売日.** 2012/10/25　**参考価格.** 5,695 円（税別）
イラストレーター. にろ　**属性.** 妹、ツインテール、添い寝
BOXサイズ. 216 × 165 × 108 mm　**本体サイズ.** 大型
総重量. 1,202g　**仕様.** 非貫通　**素材.** エラストマー　**原産国.** 中国
付属品. EXE15ml ローション
お問い合わせ先. ―

商品概要. 1000g 超えの妹系ホール。持ってずっしり、置いてしっかり、締まりばっちりの 3 拍子揃った大型サイズで、挿入口が上から挿しやすいように斜め 15 度に角度設定されているのも特徴だ。ランダムサイズの大イボを螺旋状に配置したトルネードバンプと心地よい刺激を生み出すオーガニックドットが、着実にフィニッシュへと導いてくれるぞ。

パッケージの女の子・朝比奈あくびちゃんのグッズには、ホールを装着できる抱き枕もあるぞ。サイズは身長と同じ150cm。大型から小型まで大きさを問わず装着可能だ。

Illustrater Profile

にろ
ライトノベルの挿絵などで活躍中のイラストレーター。挿絵を担当する小説『シンマと世界と嫁フラグ』シリーズが、ホビージャパンより発売中。

ツンデレな妹・なつみちゃんはアナタ専用。
いもうとはボク専用。
なつみ

メーカー. EXE	**発売日.** 2012/10/25	**参考価格.** 1,600円（税別）
イラストレーター. でこちんハンマー	**属性.** 妹、ツインテール、ツンデレ
BOXサイズ. 170×91×65 mm	**本体サイズ.** 中型
総重量. 147g	**仕様.** 非貫通	**素材.** エラストマー	**原産国.** 日本
付属品. EXE【15ml】ローション
お問い合わせ先. ―

商品概要. 双子姉妹をコンセプトにしたボク専用妹系ホール。姉バージョンの"なつみ"は、挿入口近くにツブツブゾーンがあり、そこを抜けるとツブとヒダのミックスゾーン、さらに奥へ進むとしっかり締め付けてくれる3段締めポイントが配置されている。最奥部のバキュームスポットにも、先端を刺激するイボイボが待っているぞ。

据え膳喰わぬは
お兄ちゃんの恥!!

双子姉妹の姉・なつみちゃんは、ツンデレな性格の女の子。いつもお兄ちゃんのことを「ヘンタイ！」だの「キモイ！」だの罵るくせに、涙目でこんなセリフを言うなんて……。ツンデレとはいえ反則でしょ!!

Illustrater Profile

でこちんハンマー
コアマガジンなどで活躍中の漫画家。原画を担当した18禁PCソフト『カラダを売る制服女子ナマハメ中出し』が、セイバーフィッシュより発売中。

メガネっ子の妹・はるかちゃんもアナタ専用

いもうとはボク専用。はるか

メーカー. EXE　　**発売日.** 2012/10/25　　**参考価格.** 1,600円（税別）
イラストレーター. でこちんハンマー　　**属性.** ロリ、妹、メガネ
BOXサイズ. 170×91×65mm　　**本体サイズ.** 中型
総重量. 152g　　**仕様.** 非貫通　　**素材.** －　　**原産国.** 日本
付属品. EXE【15ml】ローション
お問い合わせ先. －
商品概要. 双子姉妹をコンセプトにしたボク専用ホールの妹バージョン。はるかの内部は、横ヒダと締め付けポイントが2連続で続き、その先にある広めな空間には片側だけに小さなツブツブを施した刺激スポットが配置されている。なつみもはるかもともに158mmのロングボディなので、しっかりたっぷり楽しめるぞ。

メガネっ子の妹は積極的な甘えん坊

おとなしそうに見えるはるかちゃんだけど、「アソコはどんな感じ？」「お兄ちゃんが確めてね？」なんてセリフから妄想すると、実は意外と積極的だったり。こんな妹なら、どんどん甘えてきて欲しいものです！

岡田コウ氏のイメージを忠実に再現!!
TU･BO･MI

メーカー． EXE　**発売日．** 2012/09/25　**参考価格．** 5,219円（税別）
イラストレーター． 岡田コウ　**属性．** ロリ、2つむずび、つぼみ
BOXサイズ． 210 × 145 × 70 mm　**本体サイズ．** 大型
総重量． 570g　**仕様．** 非貫通　**素材．** －　**原産国．** 中国
付属品． EXE【50ml】ミニスティックローション
お問い合わせ先． －
商品概要． 漫画家・岡田コウが、イラスト＆造形監修を担当した据え置き型ホール。抱き枕にもベッドにも机にも置いて使えるフラットボトムで、変態紳士の夢"ラブリースリット"も搭載している。ぷっくり膨れた恥丘にある1本スジを押し広げれば、リアルな「くぱぁ」体験も思うがままだ。岡田氏渾身の造形と中身は、まさに至高の逸品！

Illustrater Profile

岡田コウ
漫画雑誌『COMIC LO』（茜新社）などで活躍中の漫画家。ヒット出版より、単行本『せんせいとわたしと（上下巻）』などが発売中。

挿入具合を確認できるクリアボディがエロすぎる！
童顔新米教師ひなせんせい。

メーカー． EXE　　**発売日．** 2011/12/25　　**参考価格．** 1,695円（税別）
イラストレーター． 岡田コウ　　**属性．** 女教師、ロリ、合法
BOXサイズ． 180 × 110 × 70 mm　　**本体サイズ．** 中型
総重量． 470g　　**仕様．** 非貫通　　**素材．** エラストマー　　**原産国．** 中国
付属品． エクセレントローション（150ml）
お問い合わせ先． －

商品概要． 気弱なロリ系女教師をモチーフにしたホール。内部構造には、縦ミゾからのミミズ千匹天井・カズノコ床→カズノコ天井・ミミズ千匹床と交互に続く名器ゾーンがあり、フィニッシュポイントではビックサイズのカズノコ床が確かな刺激を与えてくる。複雑なうねりとすぼまりによるサイドワインダー構造による締め付け感も抜群。

キミもひなせんせいにお願いしてみては？

"ひなせんせい"こと、月見里ひなこ先生は、いわゆる保健室の先生。同級生より年下に見えちゃう先生に教えて欲しいのは、もちろん女の子のカラダの仕組み！ちなみに苗字の「月見里」は、"やまなし"って読むんだよ。

生意気なうさ耳少女のアナルを突きまくれ！
ぷに☆あにゃる

メーカー． EXE　**発売日．** 2011/10/25　**参考価格．** 1,886円（税別）
イラストレーター． maruku　**属性．** うさぎ、けもの耳、ボクっ娘
BOXサイズ． 210×145×70 mm　**本体サイズ．** 大型
総重量． 293g　**仕様．** 非貫通　**素材．** －　**原産国．** 中国
付属品． CG集CD-ROM、パウチローション（20ml）WFN 玩具用
お問い合わせ先． －
商品概要． うさ耳少女"うさこ"のお尻の穴を再現したアナルホール。内部はシンプルなストレート構造で、挿入口付近はキュッと狭めで奥へ行くほど広くなるので、緩やかに変化する締まり具合を楽しめる。内壁全体に幾重にも施されたヒダ筋は、まとわり付くような絡み付きを演出してくれるぞ。イラストを担当するmaruku氏のCG集も見逃せない。

生意気なうさぎに100倍返しだ！

うさ耳少女の"うさこ"は、生意気盛りのボクっ娘。「ボクのここに入れたいんでしょ……」程度の挑発は当たり前。ウサギは精力絶倫って言うし、そんなときはあえて挑発に乗って、ガンガン責めまくろう！

Illustrater Profile

maruku
18禁PCゲームの原画などを手掛けるイラストレーター。EXE商品ではほかに、『ぷにあな』『しょくしゅだにょ』などのパッケージも手掛けている。

113

魅惑のつるぺたボディには秘密がぎっしり！

こちら布袋駅前 つるぺたガール研究所

メーカー. EXE　**発売日.** 2011/10/25　**参考価格.** 2,838 円（税別）
イラストレーター. 小路あゆむ　**属性.** 双子、姉、つるぺた
BOXサイズ. 210 × 145 × 70 mm　**本体サイズ.** 大型
総重量. 343g　**仕様.** 非貫通　**素材.** －　**原産国.** 中国
付属品. パウチローション（20ml）WFN 玩具用
お問い合わせ先. －

商品概要. 漫画家・小路あゆむ徹底監修による女体型ホール。2次元少女のつるぺたボディの3次元化に成功。膨らみのない美しい無乳と、可愛らしいおヘソ、おもわず頬ずりしたくなるぷに腹は、まさに国宝級だ。内部は、可愛らしい外見とは裏腹に超複雑な構造。ところどころに盛り上がったヒダやイボがあり、それらが高刺激を与えてくれるぞ。

つるぺたガールの柊アリステラちゃんには、実はシャルロッテちゃんという双子の妹がいるのだ。アリステラちゃんと比べて、柔らかボディになっているのが特徴だ。

ロリ×猫×触手×オナホは快感無限大！
じょくしゅだにょ

メーカー. EXE　**発売日.** 2011/07/25　**参考価格.** 2,648円（税別）
イラストレーター. maruku　**属性.** ロリ、猫、けもの耳、触手
BOXサイズ. 210×145×70 mm　**本体サイズ.** 大型
総重量. 319g　**仕様.** 非貫通　**素材.** －　**原産国.** 中国
付属品. EXE【15ml】ミニスティックローション
お問い合わせ先. －

商品概要. 猫耳少女をモチーフにしたロリ系ホールで、本体表面に触手のような凹凸パターンが刻まれているのが特徴だ。内壁全体に張り巡らされたプツプツの突起と、ときにキュッと締まり、ときに優しく包んでくれる超有機締め付けが、これまで体験したことのない快感を呼び起こしてくれる。きゅんきゅん吸い込む締め付け感もたまらないぞ。

スポーツ少女は人類の至宝！
アスリー体

メーカー． EXE	発売日． 2011/08/25	参考価格． 4,267 円（税別）
イラストレーター． 開栓注意	属性． アスリート、陸上、腹筋	
BOX サイズ． 215 × 165 × 108 mm		本体サイズ． 大型
総重量． 754g	仕様． 非貫通	素材． － 原産国． 日本
付属品． パウチローション【20ml】WFN 玩具用		
お問い合わせ先． －		

商品概要． アスリート少女の引き締まったボディを再現した大型ホールだ。ボディはウォームアップで高揚した白ピンク色。内部には、挿入口付近にイボ付カーブ、中央付近に極狭スパイラルがギュンギュン絡まり締め付けるウネリ構造、最奥のフィニッシュゾーンには無限トゲの刺激が待っているぞ。運動部系少女と汗をかいたら一緒にシャワーしよう！

Illustrater Profile

開栓注意

PC ゲームの原画などで活躍中のイラストレーター。原画を担当した 18 禁 PC ソフト『ずっとすきしてたくさんすきして』が、onomatope* より発売中。

偶然覗いてしまった学級委員長の秘密……

ブルセラ学院 委員長の秘密の放課後
１年Ｂ組 遠野瑞穂

メーカー. EXE　　**発売日.** 2011/07/25　　**参考価格.** 3,314円（税別）
イラストレーター. しまのなつめ　　**属性.** 委員長、巨乳、メガネ
BOXサイズ. 210×145×70 mm　　**本体サイズ.** 大型
総重量. 316g　　**仕様.** 非貫通　　**素材.** ー　　**原産国.** 中国
付属品. 匂いのモト、生真面目風味の木綿のショーツ、ミニスティックローション
お問い合わせ先. ー
商品概要. 学級委員長の匂いも楽しめる覚嗅型妄想ホール。表面はホールドしやすい凸凹型で、挿入口は大口径で挿れやすく、内部には肉厚のワインディング構造を採用している。専門の調香師が調合した「匂いのモト」をパンツに塗ったりホールに付ければ、女子校生の初々しい匂いを堪能しながら楽しめるぞ。

パンツだけで済むわけないでしょ!!

学級委員長の遠野瑞穂ちゃんは、真面目な性格のメガネ美少女。そんな彼女が、誰もいない教室でしていた秘密の行為……。シミ付きパンツをもらっても、それだけで済むわけありません。だって僕は、鬼畜だから。

Illustrater Profile

しまのなつめ
ライトノベルの挿絵なども手掛けているイラストレーター。アプリゲーム『神獄のヴァルハラゲート』でもカードイラストを担当している。

EXE
エグゼ

オナホメーカー Q&A その7

オナホールのパッケージについて気になる点を、各オナホメーカーに聞いてみたぞ。二次嫁HOLEに魅入られた紳士諸君、オナホを動かす手をちょっとだけ休めて目を通してくれたまえ！

Q 商品タイトル、キャッチコピー、イラストなどを作るうえで、気を付けている点はどんなところでしょうか？

A いかにユーザーさんが好んで頂けるかを最優先に、キャラ・アングルを考えてイラストを描いてもらってます！　キャラ画も日進月歩で新鮮味が変化していくので、先取りできるよう情報をいろいろ集めてます。そして、キャラとホールのイメージがピッタリくるタイトルを梅しば食べながら考える。これ大事!!　梅しば大事!!

Q これまで発売してきた自社アイテムの中で、これは「イケた！」と思うパッケージは何ですか？　その商品名と、その理由もお聞かせください。

A 『りある』です。お尻を突き出したポーズっていうのはお尻好きにはたまらないですからね！少し幼げな女の子キャラとお尻のバランス、その女の子にぶち込むような感覚をもたらすホールとのイメージが、うまくシンクロしたのかも。エヴ●的な？

Q 逆に、このパッケージは「やってしまった……」と思った自社アイテムはありますか？　その商品名と、その理由もお聞かせください。

A 最初の頃ですけど、三次元というか、女優ものパッケージの商品ですかね？　二次元しか興味がなかった自分にとって、女優のアソコなんて興味なかったから、全然わかんなくて……。何度もやり直した記憶がありますｗｗｗ　今は大丈夫！　女優大好きだから★

Q パッケージのイラストを描いてみたい方は、どうすればいいですか？　イラストレーターの選定や依頼方法などは、どのようにしているのでしょうか？

A イラストレーターの選定は知人の紹介が多くて、過去作品などを参考にしています。商品イメージとイラストイメージがつながるようなら、早速お願いしてますね！ｗｗｗ　もし、うちの商品のパッケージを描きたいって人がいたら、是非是非連絡頂きたいです！

Q それでは最後に、二次嫁HOLEを愛するユーザーの方、本書を機に二次嫁HOLEを愛したいと思った方々へ、何かメッセージをお願いします。

A オナホって気持ちいいんだよ。本物よりいいんだよ。アダルトアニメを観ながらや、アダルトPCゲームをしながら使うのもいいですけど、最終形態はパッケージに描かれた女の子を妄想しながら使うのが理想だと思ってます。その最終形態に導けるようなパッケージ作りにこだわっているので、一度、試して欲しいですね。貴方の妄想は、存在するすべてのHより遥か彼方の理想郷のはずだぜっ！

ありがとうございました！

Toami
トアミ

前歯やざらつく舌を完全再現！

MeltyKiss
めるてぃきっす

メーカー.	トアミ	発売日.	2012/06/30	参考価格.	3,000円（税別）
イラストレーター.	非公開	属性.	女子校生、ツインテール、口内		
BOXサイズ.	170×90×50 mm	本体サイズ.	中型（140 mm）		
総重量.	－	仕様.	非貫通	素材.	エラストマー	原産国.	日本
付属品.	COCOローション（30ml）				
お問い合わせ先.	http://toami.info/				

商品概要. ぽっちゃり系女子校生の口型ホール。唇はぷるぷる柔らかな感触で、口内には前歯やザラつく舌まで再現されている。挿入口からグッと押し入れると、広めの喉までいっきに飲み込み、その先にはキュッと狭まった喉奥が待っているので、リアルなディープスロート感覚も楽しめるのだ。いっぱい出して、ゴックンしてもらおう！

Toami

キュッと締まったアソコが絡み付いて離さない!

SweetVirgin
すい～とば～じん

メーカー. トアミ	発売日. 2012/06/30	参考価格. 1,500 円 (税別)
イラストレーター. 非公開	属性. 女子校生、ツインテール、処女
BOXサイズ. 170 × 90 × 50 (mm)	本体サイズ. 中型 (140 mm)
総重量. －	仕様. 非貫通	素材. エラストマー	原産国. 日本
付属品. COCOローション (30ml)
お問い合わせ先. http://toami.info/

商品概要.『めるてぃきっす』と同じ女の子をパッケージにした刺激系ホールだ。こちらのホールは女性器型で、本体内部には、複雑なイボイボ群と細やかなツブツブ群が混ざり合った刺激スポットが設置されている。高級ダッチに付属するホールにも引けを取らない高品質仕様だ。

熟れた熟女の尻穴の締め付け！
熟女の秘穴

メーカー．	トアミ	発売日．	2012/06/14	参考価格．	3,000 円（税別）
イラストレーター．	非公開	属性．	熟女、人妻、尻穴		
BOX サイズ．	170 × 90 × 50 mm	本体サイズ．	中型（140 mm）		
総重量．	150g	仕様．	非貫通	素材．	エラストマー	原産国．	日本

付属品．COCO ローション（30ml）

お問い合わせ先．http://toami.info/

商品概要．あなたを禁断の世界へと誘う熟女の肉厚アヌスホール。固めの素材で熟れた尻穴を完全再現。熟女ならではのしっとりキツめの挿入感を堪能できるのだ。内部の無数のイボイボとうねりが新たな快感を生み出し、最奥に設置されたタコ壺状のスポットが、吸い付くようにグイグイ締め上げてくるぞ。

Toami

122

TOAMI
トアミ

オナホメーカー Q&A その8

オナホールのパッケージについて気になる点を、各オナホメーカーに聞いてみたぞ。二次嫁 HOLE に魅入られた紳士諸君、オナホを動かす手をちょっとだけ休めて目を通してくれたまえ！

Q 商品タイトル、キャッチコピー、イラストなどを作るうえで、気を付けている点はどんなところでしょうか？

A お客様が一見して、思わず手に取りたくなるようなユニークさと、想像力をかきたてかつ商品の特徴を捉えたネーミングを心がけています。ニヤニヤしながらパッケージを眺めていただきたいですね。

Q これまで発売してきた自社アイテムの中で、これは「イケた！」と思うパッケージは何ですか？ その商品名と、その理由もお聞かせください。

A そうですね。すべての商品がイケてると思って開発していますので、お客様に喜んでいるいただけていると信じています。

Q 逆に、このパッケージは「やってしまった……」と思った自社アイテムはありますか？ その商品名と、その理由もお聞かせください。

A 時事ネタやパロディに走り過ぎたものかな。商品ができあがったころには、ブームが去っていたなんてことも……。あとは、キャッチコピーや説明を詰め込み過ぎて、商品名がわからなくなってしまったものです。

Q パッケージのイラストを描いてみたい方は、どうすればいいですか？ イラストレーターの選定や依頼方法などは、どのようにしているのでしょうか？

A イラストレーターのイメージを大事にしていますので、エロでも非エロでもイラストに自信のある方や興味がある方は、気軽にご一報くだされればありがたいですね。ご自分の感性を世に示したいなら行動あるのみです。

Q それでは最後に、二次嫁 HOLE を愛するユーザーの方、本書を機に二次嫁 HOLE を愛したいと思った方々へ、何かメッセージをお願いします。

A 愛し愛されるほど、オナホの進化は続くはず。あなたのイマジネーションの限界を超えた商品に出会える日が、1日でも早く訪れることを願ってやみません。

ありがとうございました！

オナホールを保管するには？

基礎知識

オナホールはきちんと管理しないと、雑菌やカビなどが繁殖することがあるので注意しよう。カビたオナホで病気になるなんて、悲しすぎるぜ！

1 風通しのいい場所を選ぼう

洗い終わったオナホールは、風通しのいい場所で、半日程度、日陰干しするといい。扇風機やドライヤーを使うのもいいが、温風は硬くなったり、ひび割れなどの原因になるので厳禁だ。また、オナホ同士をくつけて保管すると、溶けて合体してしまうこともあるので注意しよう。

2 購入したオナホールのパッケージを利用する

収納にもっとも適しているのは、購入時に付いていた箱とビニール袋だ。なぜならこれらのアイテムは、環境の変化に敏感なオナホが、化学変化を起こしにくい素材で作られているからだ。長い間、店頭に陳列されていても痛まないのをみれば明らかだろう。捨てずに使うべし。

3 家族バレしない場所を探せ！

いくら保管に適した箱でも、それがオナホだと知られてしまうのが恥ずかしいという人も多いはず。そんなときは、袋やバッグなどに入れて保管するといいだろう。アダルトグッズ専用の収納ポーチも発売されているが、最初に収納用巾着袋付きオナホを購入するのも手だぞ。

おもちゃ収納ポーチ
タマトイズから発売されているアダルトグッズ専用収納ポーチ。厚手の素材なのに通気性も抜群で、ダークカラーなので中身も見えにくい。大中2個セットだ。

ないしょのついんてーるず！
オナホールの中には、収納袋付きの商品もある。本書に掲載している『ないしょのついんてーるず！』シリーズなどにも、巾着袋が付いているぞ。

Tokyo Libido

東京リビドー

無意識ビッチのになちゃんは、桃園姉妹のお姉ちゃん

ないしょのついんてーるず！2
<誘惑ロリ 桃園になちゃん>

| メーカー. | Tokyo Libido | 発売日. | 2013/07 | 参考価格. | 3,962 円（税別） |

| イラストレーター. | あかざわRED | 属性. | ロリ、双子、姉、ツインテール |

BOX サイズ. 210 × 155 × 75 mm　　**本体サイズ.** －

総重量. 650g　**仕様.** 非貫通　**素材.** －　**原産国.** 日本

付属品. ほんものじょしぱんつ、JS シロップじょじみつローション（100ml）、みるくぱぁうだー、ないしょのきんちゃく袋、スティックポスター

お問い合わせ先. http://tokyo-libido.com/

商品概要. 大人気シリーズの第 2 弾。ロリ漫画界の至宝・あかざわRED × The 俺の嫁メーカー・Tokyo Libido × ももいろフィギュア原型師・みんへるが、再集結した最新作だ。小さいくせにずっぽりまったりな "大の字ブリーズ" ポーズを取っているのが特徴。スティックポスターは 2 枚揃えて並べると、1 枚の絵になるぞ。

になちゃんのアソコはとっても食いしん坊

になちゃんは、ツルツルのろりまんだけど、実はたくさんのオトナの人と経験済みなのだ。そんな "になちゃんを、ビッチ呼ばわりする人もいるけど、そんなことを言う人は、お兄ちゃんにはなれません!!

Illustrater Profile

あかざわRED

漫画雑誌『COMIC LO』（茜新社）などで活躍中の漫画家。同誌 2014 年 2 月号掲載の『爆釣 俺流エンジョイライフ』には、桃園姉妹が登場。

桃園姉妹の妹・みなちゃんは、ビクビクロリオナニスト

ないしょのついんてーるず！2
<妄想ロリ 桃園みなちゃん>

メーカー. Tokyo Libido　**発売日.** 2013/07　**参考価格.** 3,962 円（税別）
イラストレーター. あかざわ RED　**属性.** ロリ、双子、妹、ツインテール
BOX サイズ. 210 × 155 × 75 mm　**本体サイズ.** －
総重量. 650g　**仕様.** 非貫通　**素材.** －　**原産国.** 日本
付属品. ほんものじょぱんつ、JS シロップじょみつローション（100ml）、みるくぱぅだー、ないしょのきんちゃく袋、スティックポスター
お問い合わせ先. http://tokyo-libido.com/
商品概要. あかざわ RED × The 俺の嫁メーカー・Tokyo Libido × ももいろフィギュア原型師・みんへるが再集結した、ロリコンのロリコンによるロリコンのためのオナホール。こちらは、穢れを知らないあさあさキツキツの "だいしゅきホールド" ポーズを取っているのが特徴だ。"にな" バージョン同様、「くぱぁ」すればアソコが丸見えになるぞ。

オトコの人は怖いけどエッチなことは大好き

みなちゃんは積極的なお姉ちゃんとは対照的に、オトコの人がとても苦手。だけど、エッチなことに興味津々で、妄想ばかりしているのだ。その証拠に、いじっているから、クリトリスがちょっと大きめだぞ。

Figure Designer Profile

みんへる
フィギュアやガレージキットの製作販売を行っている「ブロンドパロット」の原型師。前作『ないしょのついんてーるず！』も担当している。

Tokyo Libido

空気嫁"宇佐羽えあ"ちゃん専用！
えあ★まん 正統派ロリ

メーカー. Tokyo Libido　　**発売日.** 2012/04　　**参考価格.** 3,962 円（税別）
イラストレーター. Tokyo Libido　　**属性.** ロリ、羽、しましま
BOXサイズ. 210 × 155 × 75 mm　　**本体サイズ.** −
総重量. 510g　　**仕様.** 非貫通　　**素材.** −　　**原産国.** 日本
付属品. オナホ設置アダプター、えあ★ぱうだー、ローション
お問い合わせ先. http://tokyo-libido.com/
商品概要. ロリーな空気嫁・宇佐羽えあ専用オナホール「正統派ロリ」バージョンだ。付属のホール設置用アダプターは、設置しやすく抜けにくく、使いやすさも抜群。また、ダウンロード特典の音声データでは、"えあ"の処女の恥じらいと痛みを表現したセックスシーンも楽しめる。初めてのセックスに戸惑う、うぶなロリ少女を堪能すべし。

『空気少女★宇佐羽えあ』は、専用のボディタイツやフェイスマスク、ウィッグなどを組み合わせて嫁が作れるエアマネキンだ。身長は、120cm。

"正統派ロリ"と"ロリビッチ"……アナタ好みは？
えあ★まん ロリビッチ

メーカー. Tokyo Libido　**発売日.** 2012/04　**参考価格.** 3,962 円（税別）
イラストレーター. Tokyo Libido　**属性.** ロリ、羽、しましま
BOX サイズ. 210 × 155 × 75 mm　**本体サイズ.** －
総重量. 650g　**仕様.** 非貫通　**素材.** －　**原産国.** 日本
付属品. オナホ設置用アダプター、えあ★ぱうだー、ローション
お問い合わせ先. http://tokyo-libido.com/
商品概要. カスタマイズ自在の空気嫁・宇佐羽えあ専用オナホール「ロリビッチ」バージョン。「正統派ロリ」同様、ホール設置用専用アダプターが付いている。また、こちらのダウンロード特典では、セックスが大好きになってしまった"えあ"のエッチな音声を聴くことができるぞ。ビッチ化したロリ少女のマジ喘ぎでヌキまくれ！

宇佐羽えあ専用フェイスマスクは、笑顔やアヘ顔など全24種類。ウィッグは、ショート・セミ・ロングあり、カラーは8色ずつ用意されている。

Tokyo Libido

リアルを超えたロリカルファンタジー！
すうぱぁろりっく！

メーカー. Tokyo Libido **発売日.** 2011/12 **参考価格.** 3,962円（税別）
イラストレーター. 氏家もく **属性.** 女児、ツインテール、ろりあな
BOXサイズ. 200×95×80 mm **本体サイズ.** –
総重量. 680g **仕様.** 非貫通 **素材.** – **原産国.** –
付属品. オナホに着せられるキャミソール＆じょじぱんつ、JSシロップあなるローション（80ml）、描き下ろし『ぱふぱふぱうだぁ・お医者さんごっこマニュアル』ペーパー
お問い合わせ先. http://tokyo-libido.com/superlolic/
商品概要. 大ヒット商品『ないしょのついんてーるず！』上位互換の女児ホール。監修者で、ろりあなコミック界の重鎮・氏家もく氏がディテールにこだわった理想形ロリータアナルだ。本体に着せられるキャミやパンツもさることながら、氏家もく描き下ろし『お医者さんごっこマニュアル』も必見。壁紙ダウンロードの特典も見逃せないぞ。

Illustrater Profile
氏家もく
アナル系ロリ漫画家。漫画雑誌『COMIC LO』で執筆した作品を中心に、アナル率100％の単行本『ろりあな』が、茜新社より発売中。

Tokyo Libido
東京リビドー

オナホメーカー Q&A その⑨

オナホールのパッケージについて気になる点を、各オナホメーカーに聞いてみたぞ。二次嫁 HOLE に魅入られた紳士諸君、オナホを動かす手をちょっとだけ休めて目を通してくれたまえ！

Q 商品タイトル、キャッチコピー、イラストなどを作るうえで、気を付けている点はどんなところでしょうか？

A タイトルもコピーもイラストも "その時" が来たら自然に天から降りてくるんで、どんなに遅延しても決して焦らないように心掛けています！

Q これまで発売してきた自社アイテムの中で、これは「イケた！」と思うパッケージは何ですか？ その商品名と、その理由もお聞かせください。

A うーん、なんだろ…宇佐羽えあ専用ローション『えあ★じる』かな。ローションをペーパーフィギュアに入れた商品なんだけど、製図を超がんばったので可愛いフィギュアになったんです！ でも、今となっては何でペーパーフィギュアに入れたのかわからないんですよ。

Q 逆に、このパッケージは「やってしまった……」と思った自社アイテムはありますか？ その商品名と、その理由もお聞かせください。

A デザインじゃなくて仕様なんだけど、「えあ★ますく」のパッケージはやってもうた感がありますな。なんかの気の迷いでワンタッチではなく、組み立てタイプのＮ式箱にしてしまったんだけどけっこう組み立てが複雑なので、発売当初は毎日徹夜でアッセンブルしてました。

Q パッケージのイラストを描いてみたい方は、どうすればいいですか？ イラストレーターの選定や依頼方法などは、どのようにしているのでしょうか？

A 描いてみたい人は描いてみればいいじゃない！ ということで興味ある人はメールください。tokyo.libido@gmail.com 選定基準は、ちんこ判断かな。非エロでもリビドーを掻き立てるイラストが好きです。

Q それでは最後に、二次嫁 HOLE を愛するユーザーの方、本書を機に二次嫁 HOLE を愛したいと思った方々へ、何かメッセージをお願いします。

A オナホールは工夫次第で無限の可能性を秘めています。最近マンネリだなーと思う貴方、オナホ二刀流を試したことがありますか？ 例えば、キツ系とまったり系のコンボとか。めっさ捗りますよ！ 試してみてください。あ、そういえばそれに適した商品があったなぁ……「オナデュアル」って言うんですけどね！

ありがとうございました！

オナホールを処分するには？

基礎知識

オナホールを購入したいけれど、捨て方がわからないから買え控えしている……。そんな人のために、ポピュラーな処分方法を紹介しよう。

① オナホールは"燃えないゴミ"の日

役目を終えたオナホールを処分したいからといって、部屋の窓から投げ捨てるのは言語道断だ。家庭ゴミとして、指定の場所へ捨てるのが正解だ。分類は不燃物なので、収集日は「燃えないゴミの日」。ただし、地域によっては異なる場合もあるので、事前に調べておくことも忘れずに。

② ハサミなどを使って細かく切る

オナホールを捨てる際に、持ち主が自分だとわからなくても、その物体がオナホだと知られてしまうのが、なんとなく気恥ずかしい……。そんなときは、ハサミを使ってオナホだとわからなくなるまで細かく切り刻むといいだろう。大型サイズは大変だが、中型くらいなら楽勝だ。

③ 外から見えないように注意する

オナホールを細かく裁断すると、油が染み出してくる場合もあるので、新聞紙やキッチンペーパーなどでしっかりとくるもう。この処置は、外から見えないようにカモフラージュする意味も含まれているぞ。包みをテープで固定したらコンビニの袋に入れ、クチを縛って捨てよう。

④ 生活ゴミとは絶対まぜない!!

オナホールの処分で、絶対してはいけない行為は、自分の身元がバレる領収書や通知書などと一緒に捨ててしまうことだ。もし収集日を間違えたら、家の玄関前に捨てたオナホが戻ってくる、なんてことにもなりかねない。生きていけないは大げさだが、立ち直るまで数日は必要だ。

⑤ 引き取りサービスを利用する

アダルトグッズの通販ショップの中には、不要になったグッズを無料で回収＆処分するサービスを行っているところもある。自分で処分するのが大変な大型のものは、このようなサービスを利用するのも手だ。手続きは個々のサイトに掲載されているので調べてみるといいだろう。

Hot Powers
ホットパワーズ

マスコット本人がセルフ型取りした"指マン構造"！

みなさんはじめましての
ほっぱっぴ〜★みくらですぅ＼(^o^)／

メーカー. ホットパワーズ **発売日.** 2013/08/24 **参考価格.** 5,695 円（税別）
イラストレーター. もち子 **属性.** 美少女、爆乳、天狗
BOXサイズ. 155 × 130 × 100 mm **本体サイズ.** 中型
総重量. 670g **仕様.** 非貫通 **素材.** ー
原産国. 日本 **付属品.** 天狗汁、公式ブック、みくらのお唄 CD
お問い合わせ先. http://hotpowers.jp

商品概要. ホットパワーズの人気マスコットキャラ"みくら"ちゃんをモデルにした女体型ホール。オナホ界随一と噂される爆乳やくびれ、プリンとしたお尻もを再現。しかもアソコの中は、みくらちゃん本人が指を挿れてセルフ型取りした自慢の逸品だ。「使いすぎて突き抜けてしまったら、パイズリオナホとして使ってください」とはメーカー談。

爆乳娘みくらちゃんの正体は……？？

みくらちゃんは、ホットパワーズのマスコットだけど、その正体は"天狗"なのだ。まだまだ見習いなので、天狗であることがいまいち浸透していないのが悩み。天狗なので、たまにチンコが生えるらしいぞ。

Illustrater Profile

もち子

同人サークル『X-GAME!』にて活動中。原画を担当している同人ゲーム『女装魔法少年バトルフライヤー イツキ』が、フリルボーイから発売中。

Hot Powers

ヴァンパイ・ファングで人外ならではの口内を堪能！

被虐のアリューネ
Vampire Fang 覚醒前 / 覚醒後

メーカー. ホットパワーズ　　**発売日.** 2013/01/11　　**参考価格.** 5,695円（税別）
イラストレーター. くろまめ　　**属性.** 吸血鬼、灼眼、牙
BOXサイズ. 160 × 110 × 75 mm　　**本体サイズ.** 中型
総重量. 520g　　**仕様.** 非貫通　　**素材.** ―
原産国. 日本　　**付属品.** だ液ローション
お問い合わせ先. http://hotpowers.jp

商品概要. ヴァンパイアの少女・アリューネの口内を妄想再現したホール。"覚醒前"と"覚醒後"のバージョンがあり、素材はソフトとハードの2タイプが発売されている。まったりフェラがお好みならまだ未熟で人間らしい覚醒前を、人間とは違うスプリットタンでアグレッシブな刺激を味わいたいなら覚醒後がおススメだ。

アリューネと名乗る少女のヒミツ……

ホットパワーズの公式サイトでは、ヴァンパイアの少女・アリューネが登場する官能小説が掲載されている。物語は、覚醒前と覚醒後のものが用意されているので、アリューネのヒミツを知りたいなら読むべし！

Illustrater Profile

くろまめ

本人より一言：『佐藤のアナル』でオナホの道に脚を踏み入れることになりました。この業界では新参者ですが、「さとあなの人」で覚えください。

ふわトロなんてレベルじゃない!!

空笑挽歌
-スモーキングカウントダウン-

メーカー. ホットパワーズ　**発売日.** 2012/12/12　**参考価格.** 6,647 円（税別）
イラストレーター. 豚猫　**属性.** 美少女、和風、着物
BOXサイズ. 220 × 130 × 110 mm　**本体サイズ.** 中型
総重量. 980g　**仕様.** 非貫通　**素材.** hyau スキン・ソフト
原産国. 日本　**付属品.** ホッパマイルドローション@チューブタイプ 100ml
お問い合わせ先. http：//hotpowers.jp

商品概要.「宇宙一柔らかいオナホ！」が謳い文句の"超"柔らかホール。その特徴は2つ。1つは、その柔らかさ。液体のような固体なので、オナホを握る手からこぼれ落ちそうになるほどだ。2つめは、本体に"穴"がないこと。正確には"見えてない"だけなのだが、最初は苦戦するかも。ちなみにパッケージの女の子の名前は、琴野井桜ちゃん。

Illustrater Profile

豚猫
2012 年から活動開始。アダルトから公共のイラスト、家族の似顔絵までやってたり。可愛い女の子を描くのが好きで、気持ちいいことも大好きです！

襲い来る究極のダブルスパイラル構造にねじ込め！

追想螺旋夢霧
双奏ノ調（ダブルスパイラル）

メーカー．ホットパワーズ	発売日．2012/05/22	参考価格．6,647円（税別）
イラストレーター．くろまめ	属性．姉妹、巨乳	
BOXサイズ．220×130×110 mm	本体サイズ．中型	
総重量．1,050g	仕様．非貫通	素材．hyau スキン・ナチュラルソフト
原産国．日本	付属品．ホッパーマイルドローション@チューブタイプ 100ml
お問い合わせ先．http://hotpowers.jp

商品概要．"日本一ひねりを加えた"という、当社比2倍の二重螺旋構造がウリの肉厚ホール。究極のひねりを追求した内部には、右回りと左回りの異なるスパイラルを施し、そのひねりの数は大小すべて合わせると、なんと11回転。ボリューム感抜群の重量級オナホなので、両手でガッツリ動かしたり、腰振りスタイルで楽しんでみてはいかが？

スパイラルのように重なり合う姉妹!?

パッケージの女の子の名前は、ありさとゆずみ。2人は姉妹で、ありさがお姉ちゃん、ゆずみが妹だ。一見すると表情はまだあどけないけど、よく見ればどちらにもたわわに実ったおっぱいが!? 美味しそう！

Hot Powers

魔族がもたらす人智を超えた快楽

被虐のアリューネ 覚醒前/覚醒後

メーカー.	ホットパワーズ	**発売日.**	2011/11/28	**参考価格.**	5,695円（税別）	
イラストレーター.	SIGNAL	**属性.**	吸血鬼、お姫様、碧眼			
BOXサイズ.	160×110×75 mm	**本体サイズ.**	中型			
総重量.	560g	**仕様.**	非貫通	**素材.**	―	
原産国.	日本	**付属品.**	ホッパマイルドローション@チューブタイプ 100ml			
お問い合わせ先.	http://hotpowers.jp					

商品概要. ヴァンパイアの膣内を妄想再現したホール。ヴァンパイアの少女・アリューネの"覚醒前"と"覚醒後"のバージョンがあり、素材はソフト・ノーマル・ハードの3タイプが発売されている。幼いアリューネの膣内を再現した覚醒前の内部は、触手突起が絡み付く構造。覚醒後の成人アリューネの中には、うねりとヒダイボが待ち受けているぞ。

大公女アリューネが抱える苦悩とは……

アリューネは、欧州の小国・淫スパニア公国の大公女で、吸血鬼の血を受け継ぐ少女だ。年齢は300歳。公国の政治的独立を保つために、各国の大使に身を委ねているが、恥ずべき行為だとも思っている。

Hot Powers

138

挿入口から見える5つの肉壁が絶景！
最高級のお嬢様ポテンシャル

メーカー. ホットパワーズ　　**発売日.** 2009/12/10　　**参考価格.** 5,695円（税別）
イラストレーター. 非公開　　**属性.** 巨乳、妹、甘えん坊
BOXサイズ. 160×110×75 mm　　**本体サイズ.** 中型
総重量. 550g　　**仕様.** 非貫通　　**素材.** −
原産国. 日本　　**付属品.** ホッパマイルドローション＠チューブタイプ100ml
お問い合わせ先. http://hotpowers.jp
商品概要. ホットパワーズ人気ランキングで、長年に渡り1位を獲得し続けたオナホールだ。特徴は、挿入口から丸見えの5つの肉壁。これが圧倒的な存在感なのだ。内部は、大きくうねりのあるスパイラル構造で、そこに施されたヒダ山が、絡み付いてくるような刺激を与えてくれるぞ。ロングセラー商品なので、一度お試しあれ！

Hot Powers

店員・佐藤とアレするチャンス！

スーパー最高級な佐藤のアナル 狂い咲きポテンシャル

メーカー.	ホットパワーズ	発売日.	2011/11/10	参考価格.	4,571円（税別）
イラストレーター.	くろまめ	属性.	店員、アナル、男		
BOXサイズ.	190×90×60mm	本体サイズ.	中型		
総重量.	440g	仕様.	非貫通	素材.	―
原産国.	日本	付属品.	―		
お問い合わせ先.	http://hotpowers.jp				

商品概要. オナホ業界に激震を走らせた代未聞のアナルホール。なんと、ホットパワーズの店員自ら、自分のアナルを商品化した問題作なのだ。店員の佐藤さんは、もちろん男。実在もしている。明らかに"嫁"ではないけれど、リアルなアナルを求めている人は、この"さとあな"を試して"漢"になろう。

『佐藤のアナル』には、『闇佐藤のアナル』という佐藤さんを女体化したホールも発売されている。さらに『佐藤のアナル』誕生までの物語は、ホットパワーズの公式サイトに掲載された漫画で読むことができるぞ。

ホットパワーズ　オリジナルホール

HOTPOWERS
ホットパワーズ

オナホメーカー Q&A その⑩

オナホールのパッケージについて気になる点を、各オナホメーカーに聞いてみたぞ。二次嫁 HOLE に魅入られた紳士諸君、オナホを動かす手をちょっとだけ休めて目を通してくれたまえ！

Q 商品タイトル、キャッチコピー、イラストなどを作るうえで、気を付けている点はどんなところでしょうか？

A 商品テーマによっていろいろですが、当店では品名が長い商品が目立ちます。結局、略称で呼ぶんですが。商品名の長さでインパクトを与えつつ、イラストやキャッチコピーでさらに内容を伝える。原案はただのダジャレだったりカッコいい言葉を使いたかったりっていうのが多いです。一部の商品ではストーリーからタイトルやイラストが決まることもありますね。

Q これまで発売してきた自社アイテムの中で、これは「イケた！」と思うパッケージは何ですか？　その商品名と、その理由もお聞かせください。

A なんと言ってもみくらオナホですね。ホットパワーズでは、初のギミック有パッケージです。キラキラした加工もあったり付属品にも力を入れていたり。ひと目見ただけでわかる力の入れ具合だと思います。

Q 逆に、このパッケージは「やってしまった……」と思った自社アイテムはありますか？　その商品名と、その理由もお聞かせください。

A なんと言っても「佐藤のアナル」でしょうね。これはパッケージイラストはよかったんですが、テーマが悪かった！　いや、テーマもよかったと思うんですが、ちょっと早すぎた感じがしますね！

Q パッケージのイラストを描いてみたい方は、どうすればいいですか？　イラストレーターの選定や依頼方法などは、どのようにしているのでしょうか？

A 最近では Pixiv やニジエなど、自分で発信してアピールする場所が増えていると思います。現にホットパワーズでは、Pixiv を覗いてイラストレーターさんにお仕事を依頼することもあります。Twitter も活用できると思います。どのメーカーさんもアカウントを取得していますし、お仕事募集についても気軽に答えてくれるメーカーさんは多いと思います。

Q それでは最後に、二次嫁 HOLE を愛するユーザーの方、本書を機に二次嫁 HOLE を愛したいと思った方々へ、何かメッセージをお願いします。

A これからオナホールはどんどん種類が増えて、さらにいろんなギミックを取り入れて盛り上がるジャンルになると思います！　ユーザーのみなさんの目が肥えまくっているので、パッケージにもオナホール本体にも力が抜けません。なにかいいアイデアがあったら是非教えてください！　メーカーさんもユーザーさんもみんな仲よく手を取り合って、もっともっと楽しく盛り上がれるジャンルに発展させましょう。わからないけど！

ありがとうございました！

商品名	メーカー	ページ
あ 足コキホール ソックソクにしてあげる！	NPG	77
アスリー体	EXE	116
イズハ	Toy's Heart	18
妹ぱじゃま	Toy's Heart	12
いもうとは僕専用。はるか	EXE	110
いもうとは僕専用。なつみ	EXE	109
淫ドル 〜ツインコンボ・アイドル〜	Toy's Heart	23
ヴァージンエイジ〜卒業式〜	Toy's Heart	7
ヴァージンエイジ〜入学式〜	Toy's Heart	6
うぶ姉	Toy's Heart	11
うぶ ばーじん	Toy's Heart	22
エアダッチのためのオナホール	Tamatoys	65
えあ★まん 正統派ロリ	Tokyo Libodo	128
えあ★まん ロリビッチ	Tokyo Libodo	129
akd4 ∞（インフィニティ）前解禁	Magic Eyes	40
akd4 ∞	Magic Eyes	42
【閲覧注意】すじまん くぱぁ！wwwwww りな	Magic Eyes	34
【閲覧注意】すじまん くぱぁ！wwwwww ろあ	Magic Eyes	36
エロマン	Toy's Heart	13
オナニーばかりしてたらサキュバスさんがやってきた。リリスの超名器	Tamatoys	53
オナニーばかりしてたらサキュバスちゃんがやってきた。リリムの超名器	Tamatoys	52
オナホール 少女式	Tamatoys	63
オナホ妖精	Toy's Heart	17
おにいちゃん大好き！	Tamatoys	66
お願いおにいちゃん うぶもえロリッ娘 まゆちゃん	Japantoyz	92
お願いなつこりん♪ 国立オナホ研究所 皆川なつみ研究員のオナホール	Japantoyz	88
お願いななちゃん 猫耳少女 三毛ノ木なな	Japantoyz	89
お願いゆいちゃん 千石坂学園 生徒会長 七咲ゆい	Japantoyz	90
お願いラン先生！ちょっぴりデビルな家庭教師	Japantoyz	91
オンナノコの(i)	Magic Eyes	29
か 亀頭娘	Toy's Heart	16
空想少女群＜01.喜多村紫音＞	NPG	80
空想少女群＜02.ゆーか＞	NPG	81
空想少女群＜03.梶ヶ谷藍＞	NPG	82
ぐちょ濡れ名器 MONSTER 覚醒【KAKUSEI】	Magic Eyes	37
ぐちょ濡れ名器 MONSTER G【じぃー】	Magic Eyes	38
ぐちょ濡れ名器 MONSTER 狩【HUNT】	Magic Eyes	39
ぐちょモン Poket ω	Magic Eyes	33
ぐちょモン Poket 8	Magic Eyes	32
くぱまんどりーむ	EXE	106
こちら布袋駅前つるぺたガール研究所 柊アリステル	EXE	114
さ 最近、妹が添い寝を求めてきて困っています。	EXE	108
最高級のお嬢様ポテンシャル	Hot Powers	139
悟り	Magic Eyes	41
JC くぱぁ	Toy's Heart	9
尺八娘	Toy's Heart	21
熟女の秘穴	Toami	122
しょくしゅだにょ	EXE	115
女子アナでもいーですか？	Toy's Heart	20
女子校生のフェラホール 唾液ローション付き	Tamatoys	54
SweetVirgin すい〜とば〜じん	Toami	121
スウィートペッパーオナホール	Tamatoys	64
すうぱぁろりっく！	Tokyo Libodo	130
スーパー最高級な佐藤のアナル 狂い咲きポテンシャル	Hot Powers	140
すじまんくぱぁ！ココロψ	Magic Eyes	28
Spraut（すぷらうと）	EXE	100

	商品名	メーカー	ページ
	空笑挽歌 - スモーキングカウントダウン -	Hot Powers	136
	清楚な女子校生のやわらかホール 専用アロマローション付き	Tamatoys	60
	清楚ビッチノススメ	NPG	74
	絶対キツキツ宣言！しめたん	NPG	76
	絶対やわやわ宣言！ふわりん	NPG	75
	17（セブンティーン）	Toy's Heart	25
	17 ボルドー	Toy's Heart	19
	狭穴注意	Toy's Heart	8
た	追想螺旋夢霧　双奏ノ調（ダブルスパイラル）	Hot Powers	137
	調教少女まなみ	Arms	46
	超舌チンポハンター Vol.1 長舌巻子	Arms	47
	超舌チンポハンター Vol.2 ベロニカ	Arms	48
	ツインズいもうとサンドイッチ♡千尋	Tamatoys	69
	ツインズいもうとサンドイッチ♡千歳	Tamatoys	68
	つくろう!! オナホ姉	Tamatoys	57
	TU・BO・MI	EXE	111
	つるぺたアイドル候補生 ただいま研修中！	EXE	107
	童顔新米教師ひなせんせい。	EXE	112
	ドキどき転校生	Toy's Heart	24
な	ないしょのついんてーるず！＜正統派ロリ 笹倉さなちゃん＞	NPG	84
	ないしょのついんてーるず！＜ロリビッチ 笹倉かなちゃん＞	NPG	83
	ないしょのついんてーるず！2＜妄想ロリ 桃園みなちゃん＞	Tokyo Libodo	127
	ないしょのついんてーるず！2＜誘惑ロリ 桃園になちゃん＞	Tokyo Libodo	126
は	Party01	EXE	96
	Party02	EXE	97
	Party03	EXE	98
	Party04	EXE	99
	箱詰め娘 ロリホ	Magic Eyes	35
	箱詰め娘 ロリホ ギチギチ HARD Edition	Magic Eyes	30
	働くお姉さんのもっちりホール 専用アロマローション付き	Tamatoys	61
	華は蜜夜に咲き乱れ 遊女の蜜壺	Tamatoys	62
	bubbles[バブルス] #001	EXE	103
	bubbles[バブルス] #002	EXE	104
	美脚の働くお姉さんオナホール	Tamatoys	58
	被虐のアリューネ Vampire Fang 覚醒前／覚醒後	Hot Powers	135
	被虐のアリューネ 覚醒前／覚醒後	Hot Powers	138
	ぷに☆あにゃる	EXE	113
	ブルセラ学院 委員長の秘密の放課後 1年B組 遠野瑞穂	EXE	117
	ぼくの生徒	Toy's Heart	10
	欲しがり妻	Toy's Heart	14
ま	まじかるういっちほーる ムニッchi (muni-chi)	EXE	101
	みなさんはじめましてのほっぱっぴ〜★みくらですぅ＼(^o^)／	Hot Powers	134
	MUNI MUNI［むにむに］	EXE	105
	MeltyKiss めるてぃきっす	Toami	120
や	やわらかおっぱいオナドール	Tamatoys	55
	結愛でイクの!!	Tamatoys	67
	よーじょ先輩のちいさなおくち	NPG	72
	よーじょ先輩のちいさなおてて	NPG	73
	欲情ギミック	Magic Eyes	31
ら	りある	EXE	103
	ロリかわいい少女のピチピチホール 専用アロマローション付き	Tamatoys	59
	ロリ★スティック＜アン＞	NPG	78
	ロリ★スティック＜セーラ＞	NPG	79
わ	我妻なたれ乳 THE HOLE	Tamatoys	56
	わくわく初登校	Toy's Heart	15
	わぶ	Magic Eyes	43

143

編者：エマ・パブリッシング

サブカル・萌え系から、ライトビジネス・ライトサイエンスまで、書籍や雑誌の企画・編集・制作を幅広く手掛ける編集プロダクション。これまでに制作した主な書籍には、『＜萌え訳＞孫子ちゃんの兵法』『真説 触手学入門』『エロゲー文化研究概論』『80年代 マイコン大百科』『モテる男の技術』『ライトノベルでわかる微分積分』『自分で作る風力発電』などがある。

http://www.emapub.co.jp/

＜Special Thanks＞
  Arms
  EXE
  Hot Powers
  Japantoyz
  Magic Eyes
  NPG（日暮里ギフト）
  Tamatoys
  Toami
  Tokyo Libido
  Toy's Heart

二次嫁HOLEパッケージ大図鑑
2014年2月10日 第1版 第1刷発行

編者	エマ・パブリッシング
企画・制作・DTP	エマ・パブリッシング
カバーデザイン	釈迦堂アキラ
印刷・製本	株式会社 グラフィカ・ウエマツ

発行人　西村 貢一
発行所　株式会社 総合科学出版
　〒101-0052　東京都千代田区神田小川町3-2 栄光ビル
　TEL　03-3291-6805（代）
　URL：http://www.sogokagaku-pub.com/

本書の内容の一部あるいは全部を無断で複写・複製・転載することを禁じます。
落丁・乱丁の場合は、当社にてお取り替え致します。

© 2014 エマ・パブリッシング
Printed in Japan　ISBN978-4-88181-836-7